希臘神話解剖圖鑑

河島思朗 監修
林雯 譯

前言

赫拉克勒斯、伊底帕斯王、國王的驢耳朵、維納斯的誕生⋯⋯應該有很多讀者聽過希臘神話，因為它的故事非常有趣。不過從整體來看，這些神話頭緒繁多，盤根錯節，有的部分相當複雜。

希臘神話深深融入了古代人的日常生活。人們有煩惱時，會去德爾菲聖地接受神的啟示；古代奧運既是運動賽事，也是向眾神獻祭的國際盛典。此外，還有許多事跟神話有關，如星座、季節變化、地名等。

故事中的眾神與英雄也令人們心馳神往。從西元前8世紀的荷馬敘事詩、希臘悲劇，到希臘化時期的文學運動及羅馬詩人，

希臘神話藉由文學作品流傳下來，並在轉化為朗讀作品、戲劇及歌曲的過程中不斷精鍊與創新，變得更加豐富多元、引人入勝。

這些神話涵蓋了從世界創始到英雄活躍的時代，本書會以簡單易懂的圖解來說明。每章一開頭會先簡述該章的內容，所以讀者可快速瀏覽整本書，也可循著「典故由來」的標記閱讀，了解神話對後世有多深遠的影響。

探索希臘神話，如同在曲折的迷宮中前進，是一場精彩刺激的冒險旅程。希望本書能像雅瑞安妮一樣，給你一個指引方向的線球。

河島思朗

CONTENTS

前言 ... 002

希臘神話太神奇了！ ... 008

希臘神話的基礎知識① 形成與發展 ... 010

希臘神話的基礎知識② 人類的5個時代 ... 012

希臘神話的基礎知識③ 希臘神話的舞台 ... 014

column 希臘神話的傳播者 ... 016

第1章 天地創始～眾神的世界與人類的誕生

從天地創始到人類誕生

鳥瞰第1章 ... 018

第1代・世界初始
宇宙形成之初與烏拉諾斯政權 ... 020

第2代・推翻父親，獲得政權
政權落到克羅納斯手上 ... 022

貪戀權力的克羅納斯
宙斯的誕生 ... 024

「第3代」藉由戰爭獲取政權
泰坦之戰 ... 026

新世界的統治者
奧林帕斯眾神 ... 028

風流成性的眾神之王
宙斯 ... 030

宙斯的變身與偷情史
粗暴蠻橫的海神 波賽頓 ... 032

善妒的宙斯王后
赫拉 ... 034

自視甚高的戰爭女神
雅典娜 ... 036

主動追愛的愛與美之女神
阿芙羅黛蒂 ... 038

反映理想形象的光明之神
阿波羅 ... 040

... 042

004

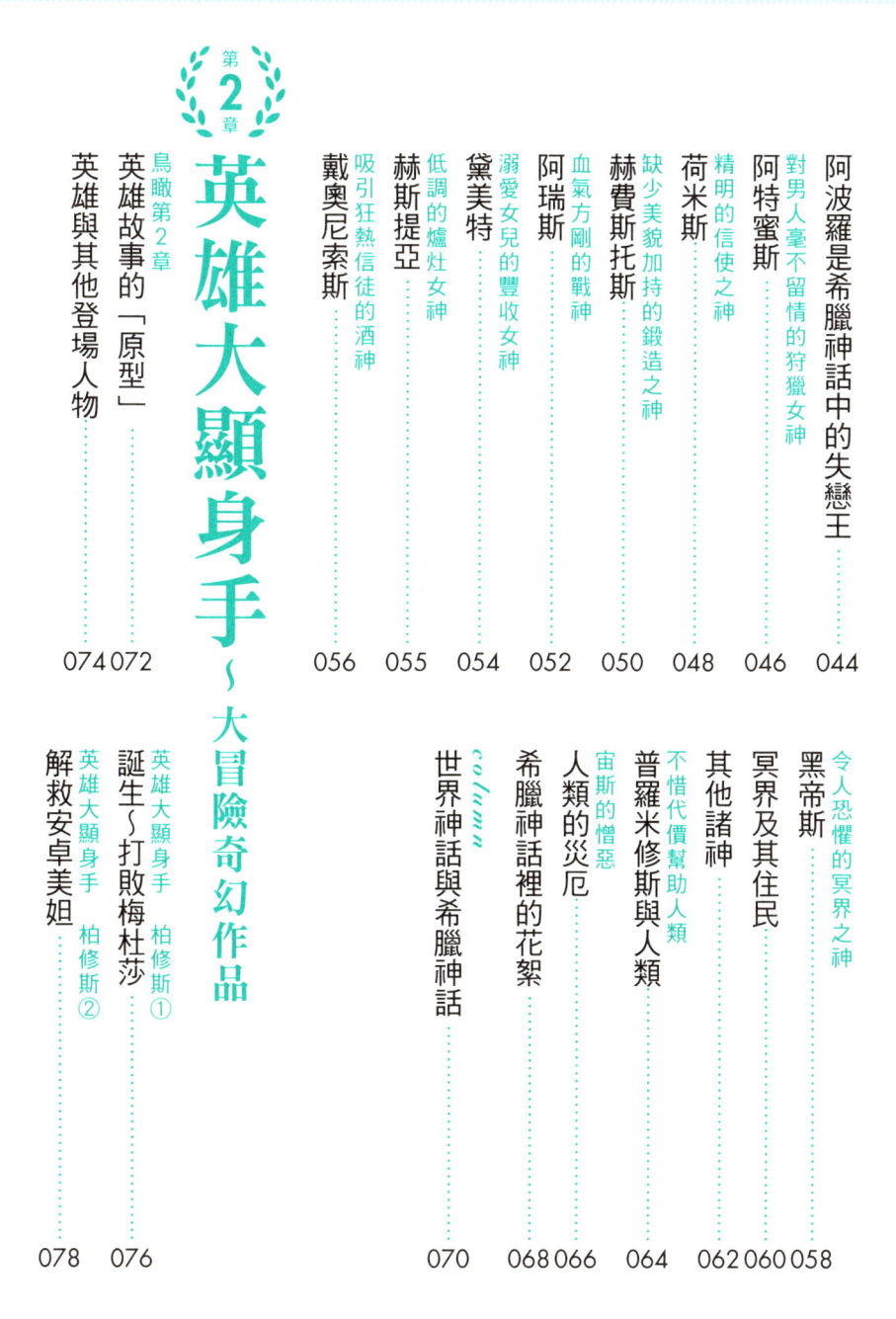

第2章 英雄大顯身手～大冒險奇幻作品

阿波羅是希臘神話中的失戀王	044
對男人毫不留情的狩獵女神 阿特蜜斯	046
精明的信使之神 荷米斯	048
缺少美貌加持的鍛造之神 赫費斯托斯	050
血氣方剛的戰神 阿瑞斯	052
溺愛女兒的豐收女神 黛美特	054
低調的爐灶女神 赫斯提亞	055
吸引狂熱信徒的酒神 戴奧尼索斯	056
令人恐懼的冥界之神 黑帝斯	058
冥界及其住民	060
其他諸神	062
不惜代價幫助人類 普羅米修斯與人類	064
宙斯的憎惡 人類的災厄	066
希臘神話裡的花絮	068
column 世界神話與希臘神話	070
鳥瞰第2章 英雄故事的「原型」	072
英雄與其他登場人物	074
英雄大顯身手 柏修斯① 誕生～打敗梅杜莎	076
英雄大顯身手 柏修斯② 解救安卓美姐	078

005

CONTENTS

第3章 戰爭時代～特洛伊戰爭與奧德賽

英雄大顯身手 赫拉克勒斯① 最強的英雄誕生	080
英雄大顯身手 赫拉克勒斯② 赫拉克勒斯的12道難題	082
英雄大顯身手 赫拉克勒斯③ 解決難題後轉戰各地	086
英雄大顯身手 柏勒洛豐 英雄之死及其子孫	088
英雄大顯身手 梅列阿格 消滅奇美拉	090
英雄大顯身手 伊阿宋① 生命寄於柴火	091
英雄大顯身手 伊阿宋② 尋訪父親的奮鬥歷程	092
英雄大顯身手 伊阿宋③ 阿爾戈號出發	094
女巫美蒂亞的支援	096
英雄大顯身手 伊阿宋④ 冒險之旅的終點	098
英雄大顯身手 翟修斯① 尋訪父親	100
英雄大顯身手 翟修斯② 抵達雅典	102
英雄大顯身手 翟修斯③ 對決！米諾陶	104
英雄大顯身手 翟修斯④ 英雄的後續發展	106
英雄大顯身手 伊底帕斯① 悲劇的開始	108
英雄大顯身手 伊底帕斯② 駭人的真相	110
希臘神話裡的花絮	112
column 希臘神話與星座	114
鳥瞰第3章 戰爭時代	116
宙斯的反叛者① 巨人族來襲	118

006

宙斯的反叛者② 最強的敵人 泰風	120
特洛伊戰爭① 戰爭的序曲	122
特洛伊戰爭② 開戰的契機	124
特洛伊戰爭③ 開戰前夕——神諭與徵召	126
特洛伊戰爭④ 正式開戰！	128
特洛伊戰爭⑤ 阿基里斯的回歸與猛進	130
特洛伊戰爭⑥ 結束戰爭的策略	132
特洛伊戰爭⑦ 戰後的希臘軍	134
特洛伊戰爭⑧ 戰後的特洛伊	136
奧德修斯的艱辛旅程① 曲折漫長的回鄉之路	138
奧德修斯的艱辛旅程② 回鄉後的火拼	144
希臘神話裡的花絮	146
索引	148
參考文獻	154

本書的人物插圖

本書人物顏色的區分方式如下圖。關於人物形象有各種不同的說法，本書設計了一套區分顏色的規則，有時與實際的神話分類不同。

天神
英雄
人間

※本書介紹的小故事有各種不同的版本。

007

希臘神話太神奇了！

不知不覺中，希臘神話已深入我們的生活；
不只歐洲，世界各地都有許多事物的典故來自希臘神話。

繪畫、文學、音樂……大量藝術作品

波提且利的名畫《維納斯的誕生》，畫的就是女神阿芙羅黛蒂誕生的場景。此外，還有許多藝術作品以希臘神話為主題（P.41）。

地名、詞彙語源

神話中人物的名字也成為後世的地名和詞彙語源。例如，歐洲源自宙斯的情婦歐羅芭、愛琴海源自愛琴士國王、亞馬遜河源自女族亞馬遜人、土星衛星阿特拉斯源自以肩頂天的阿特拉斯。

其他源自希臘神話的詞

歐洲／愛琴海／亞馬遜河／火山／水母／迷宮／埃特納火山／特洛伊木馬病毒／伊奧利亞群島／警報器 等

心理學用語

心理學家佛洛伊德所說的「伊底帕斯情結」（戀母情結），就是引用伊底帕斯王（P.108）的故事來說明男性特殊的心理傾向。除此之外，還有許多心理學用語也產生自希臘神話。

佛洛伊德（1856～1939）

動漫遊戲的構想

無數動畫、漫畫與遊戲的構想來自希臘神話的神祇、英雄與星座。尤其奇幻作品中的怪物、武器、角色設定等,許多靈感皆從希臘神話得來。

日本的作品
《聖鬥士星矢》(車田正美著)、
《美少女戰士》(武內直子)、
《刺客教條:奧德賽》(遊戲)

企業與商品名稱

有不少企業與商品名稱出自希臘神話。例如「Nike」源自女神尼姬(P.39)、本田汽車的「奧德賽」車型源自奧德修斯(P.138)、「鐵達尼號」取自泰坦神族(P.27)、「阿波羅計畫」取自阿波羅(P.42)等。

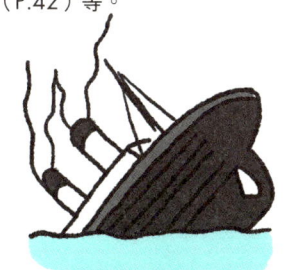

星座命名的出處

許多星座的名稱源自希臘神話。希臘神話中,星座多以英雄的名字命名。這類星座的產生模式通常是神為了紀念某位英雄的生前功績或壯烈犧牲,而將他們升上天空,化為星座(P.78)。

醫學術語

出自希臘神話的醫學術語也很多,如阿基里斯腱是阿基里斯(P.123)的要害,第一頸椎出自以肩頂天的阿特拉斯(P.27)。

化學元素名稱

許多化學元素名稱出自希臘神話的神祇。例如,鈦源於泰坦神族(P.23)、鈾源於天空之神烏拉諾斯(P.20)、氦源於太陽神赫利歐斯(P.23)、硒源自月亮女神塞勒涅(P.23)。

奧運也是從希臘時代開始

據說現在奧運會的原型是古希臘的奧林匹克運動會。那是紀念宙斯的慶典活動之一,從西元前776年到西元393年,每4年舉辦一次。運動會期間,各城邦間禁止戰爭。

希臘神話的基礎知識①

形成與發展

現在全世界膾炙人口的希臘神話是如何產生的呢？
我們來追溯它至今的發展歷程吧！

敘事詩人賀希歐將希臘神話系統化

荷馬在《伊里亞德》、《奧德賽》中敘述特洛伊戰爭英雄的故事；賀希歐則在《神譜》中有系統的整理出奧林帕斯諸神的系譜、角色與屬性，並在《工作與時日》中寫下關於人類誕生的重要神話。

賀希歐

與愛琴海固有神話的融合

西元前15世紀，伯羅奔尼撒半島的邁錫尼產生了邁錫尼文明（P.79），孕育出此文明的是說希臘語的希臘人。希臘神話產生的具體時間不明，但可能是希臘人融合小亞細亞、愛琴海等各地的固有神話而逐漸形成。

以神話為題材的戲劇頻繁上演

雅典的悲劇詩人埃斯奇勒斯、索福克里斯、尤里彼得斯等寫出大量悲劇作品，在當地熱烈上演。

黑暗時代

邁錫尼文明因多利安人的入侵而滅亡，此後500年間未留下任何文獻資料，被稱為「古希臘的黑暗時代」。

年	事件
紀元前（B.C.）	
約3000年～	愛琴海周邊出現數種文明
約2600年	特洛伊文明開始
約2000年	邁諾安文明開始
約2000年	邁錫尼文明開始
約1600年	邁諾安文明衰落
約1400年	特洛伊文明衰落
約1200年	邁錫尼文明衰落
約1200年	
1200年	特洛伊戰爭？
1200～700年	黑暗時代
776年	第1屆古代奧林匹克運動會
前8世紀	城邦（都市國家）成立
730年左右	荷馬著《伊里亞德》、《奧德賽》
700年左右	賀希歐著《神譜》
500～449年	波斯戰爭

010

希臘神話傳遍世界，但因基督教而沒落

希 臘神話是由小亞細亞、愛琴海等各地的固有神話逐漸融合而成，以口傳的方式流傳下來。西元前8世紀左右，敘事詩人荷馬、賀希歐等將這些神話整理成敘事詩，可說是希臘神話的原典。西元前5世紀，雅典詩人（後稱「悲劇詩人」）創造出現在「悲劇」的形式，使敘事詩型態的神話內容得到進一步發展。

西元前4世紀，隨著亞歷山大大帝東征，希臘文化（包含神話）也散播至東方。希臘神話傳到羅馬後，與羅馬原有的神祇結合，影響擴及西歐各地。不過到了4世紀，基督教成為羅馬帝國的國教，希臘神話便逐漸沒落。

被基督教取代而漸趨衰落
希臘神話傳承到了羅馬，成為「希臘羅馬神話」。但羅馬帝國定基督教為國教之後，希臘神話便走向衰微。

因文藝復興而復興
義大利興起文藝復興運動，希臘羅馬神話得以重生，流傳到西歐，成為歐洲文化的支柱。

亞歷山大大帝傳揚希臘文化
隨著亞歷山大大帝東征，希臘文化（包含神話）也傳到了東方，與東方文化融合，形成希臘化文化。

古希臘的象徵 帕德嫩神廟

雅典衛城曾在波斯戰爭中被摧毀。戰爭後，雅典人在衛城山上建造帕德嫩神廟，供奉守護神雅典娜。

16世紀	文藝復興
14～	
313年	頒布米蘭敕令（承認基督教為合法宗教）
（A.D.）西元後	
27年	奧古斯都登基為羅馬第1任皇帝，羅馬邁入帝政時期
146年	希臘成為羅馬的行省
215～148年	馬其頓戰爭
334年	亞歷山大大帝東征
336年	亞歷山大大帝即位
347年	哲學家柏拉圖死亡
399年	哲學家蘇格拉底死亡
431年	伯羅奔尼撒戰爭
432年	雅典帕德嫩神廟完工
前5世紀	三大悲劇詩人埃斯奇勒斯、索福克里斯、尤里彼得斯出生

希臘神話的基礎知識②

人類的5個時代

希臘神話中，人類共歷經4次世代交替，才成為現在的種族。
起初，人類和神沒有區別，但後來人類漸漸走向墮落。

神話中發生了什麼事
克羅納斯的統治
克羅納斯在母親蓋亞的謀劃之下，出手傷害父親烏拉諾斯，奪取了對世界的統治權。他變得跟父親一樣心狠手辣；把自己的兄弟囚禁在地底，還把和妻子瑞亞所生的孩子一個個吞進肚裡。不過，他的第6個孩子宙斯被藏在克里特島（P.22～25）。

青銅時代
- 人類從梣樹中產生
- 武器、農具、房屋等皆由青銅製造
- 比白銀時代的人類更凶暴
- 身強體壯，力大無窮
- 不吃穀物
- 日以繼夜、無休無止的戰爭
- 鐵器尚未出現

時代的終結
宙斯用洪水摧毀一切。

白銀時代
- 人類素質比黃金時代低落
- 人類必須花上100年才能長大成人
- 長大成人後馬上死去
- 暴力爭鬥不絕
- 人類不尊敬神

時代的終結
人類觸怒了宙斯，宙斯便將他們全數消滅。不過，後來人類仍在地下幸福度日。

黃金時代
- 無憂無慮，不需工作
- 人類與神無異
- 老年不會來臨
- 田地不需耕耘便收成豐足
- 田地的照顧可以很隨興
- 離世時平靜安詳，像睡著一般

時代的終結
蓋亞毀滅了黃金時代，死去的人們化為精靈，成了人類的守護者。

神話中發生了什麼事
泰坦之戰
為了從克羅納斯所率領的泰坦神族手中奪取統治權，宙斯與奧林帕斯其他眾神發動一場長達10年的大戰，稱為「泰坦之戰」。最後，奧林帕斯神族獲勝，奪得對世界的統治權，宙斯成為地位最高的神（P.26）。

典故由來

黃金時代
賀希歐將人類的第1個時代，亦即人類生活最幸福、最滿足的時代稱為「黃金時代」。此後，人們使用「黃金時代」來稱呼國家、民族或個人一生中最燦爛的時期。

012

賀希歐的《工作與時日》與5種人類

敘

事詩人賀希歐（P.10）在《工作與時日》中描述，人類經歷了5次時代的誕生、滅亡與種族交替的循環。

5個時代是從克羅納斯掌權的黃金時代開始，其次是白銀時代、青銅時代、英雄時代與黑鐵時代。我們現在處於黑鐵時代，人類愈來愈向下沉淪，一代不如一代，很可悲吧？

宙斯在青銅時代引發洪水，消滅墮落的人類（P.66）；這則洪水神話是由奧維德與阿波羅多洛斯（P.16）記錄下來的。

一般認為，原本只以金、銀、銅、鐵這4種金屬來區分時代，英雄時代是後來才加上去的。這種以金屬劃分時代的方式，在祆教經典與《舊約聖經》中也看得到。

神話中發生了什麼事
特洛伊戰爭
希臘軍隊入侵特洛伊，引發了特洛伊戰爭。這場戰爭長達10年，使阿基里斯、赫克特等多位英雄丟了性命；最後靠奧德修斯的木馬計，希臘軍才攻下特洛伊。19世紀，考古學家施里曼發掘出特洛伊遺址，許多人因此相信特洛伊戰爭可能是史實（P.128）。

黑鐵時代
- 與神直接的關係中斷
- 日夜過度勞動，苦不堪言
- 沒有希望、人心痛苦
- 人們彼此欺騙、為非作歹
- 人與人之間缺乏信任與尊重

時代的終結
至今仍持續中。

英雄時代
- 人類比青銅時代正直、優秀
- 擁有神一般的能力
- 與神關係良好
- 姿容秀麗
- 脾氣暴躁，爭鬥不斷
- 有些人住在世界盡頭的「至福島」

時代的終結
在永無止境的戰爭中毀滅。

神話中發生了什麼事
底比斯戰爭
伊底帕斯的兒子波呂尼刻斯與厄特俄克勒斯約定，底比斯王位由兩人輪流就任，但厄特俄克勒斯霸占王位不放，波呂尼刻斯便攻打底比斯。他安排7名武將進攻底比斯的7道城門；厄特俄克勒斯也分派7名武將應對。最後，兄弟兩人在第7道城門單獨對決，以劍互刺，同歸於盡（P.111）。

神話中發生了什麼事
宙斯引發洪水
宙斯看不下去人類的互相殘殺與沉淪腐化，於是引發洪水，消滅人類，想創造新的種族。

013

色雷斯

薩莫色雷斯島

希臘神話的基礎知識③
希臘神話的舞台

希臘神話的舞台在今天的希臘、土耳其、
地中海及愛琴海諸島。
除了眾神居住的奧林帕斯山，
還有許多地方至今仍感受得到希臘神話的氛圍。

特洛伊

利姆諾斯島
（P.94）

▲
伊達山

弗里幾亞

愛琴海

萊斯沃斯島

特洛伊
特洛伊王子帕里斯搶走斯巴達王妃海倫，引起希臘出兵進攻特洛伊，特洛伊戰爭就此爆發（P.122）。

里底亞

雅典
戰爭女神雅典娜守護的城市，以女神的名字命名。英雄翟修斯後來成為雅典國王（P.38）。

提洛島

提洛島
一般認為這裡是光明之神阿波羅和雙胞胎姊姊阿特蜜斯出生的地方（P.43）。

克里特島
眾神中地位最高的宙斯出生在克里特島的洞穴，英雄翟修斯打敗怪物米諾陶的迷宮故事也是在這裡發生（P.25、P.105）。

羅德島

克里特島

014

奧林帕斯山
希臘最高峰,將近3000公尺,宙斯率領眾神住在這裡(P.28)。

底比斯
伊底帕斯登上底比斯王位以後,發現自己娶父娶母的事實,深受衝擊,便離開底比斯,之後就爆發了底比斯戰爭(P.108)。

奧林帕斯山 ▲

愛奧尼亞海

德爾菲
希臘最大的聖地,位於帕納塞斯山山麓。阿波羅殺死鎮守此地的巨蟒皮同,建立自己的神諭所(P.43)。

特拉基斯
俄塔山 ▲
帕納塞斯山 ▲
德爾菲　　底比斯

卡利敦
(P.87)

伊薩卡
(P.138)

科林斯
(P.108)

奧林匹亞　　　　　邁錫尼
阿卡迪亞　阿爾戈斯
　　　　　(P.35)　特里真
　　　　　　　　　(P.100)
伯羅奔尼撒半島

斯巴達
(P.124)

現在的國土與地區

匈牙利
斯洛維尼亞　羅馬尼亞　　俄羅斯
波士尼亞與　塞爾維亞　　高加索山脈
赫塞哥維納　　保加利亞　黑海
義大利　　北馬其頓
　　阿爾巴尼亞
　　　　　　愛琴海　土耳其
　　　　　　●雅典
　　　希臘
　　　　　　　　　　敘利亞
　　　　　　　　黎巴嫩
　　地中海
　　　　　　　　以色列　約旦

利比亞　　埃及　沙烏地阿拉伯

015

希臘神話的傳播者

希臘神話早先是用口述的方式傳播，西元前8世紀以後，許多詩人將它們以文學作品呈現，現存最古老的希臘神話作品是荷馬與賀希歐兩大詩人的敘事詩。此外，在西元前5世紀，雅典盛行創作以神話世界為背景的悲劇；從希臘化時代到羅馬時代，也有許多詩人留下取材自希臘神話的作品。

傳播希臘神話的人物與作品

●古希臘時代

荷馬 （約西元前 730 年）	《伊里亞德》 《奧德賽》
賀希歐 （約西元前 700 年）	《神譜》 《工作與時日》
埃斯奇勒斯 （約西元前 5 世紀）	《被縛的普羅米修斯》 《阿格門儂》
索福克里斯 （約西元前 5 世紀）	《伊底帕斯王》 《厄勒克特拉》
尤里彼得斯 （約西元前 5 世紀）	《美蒂亞》 《特洛伊女人》

●希臘化時代

羅德島的阿波羅尼奧斯 （約西元前 3 世紀）	《阿爾戈英雄》

●羅馬時代

維吉爾 （約西元前 1 世紀）	《伊尼亞德》
奧維德 （約西元 1 世紀）	《變形記》
希吉努斯 （約西元 1 世紀）	《傳說集》
塞內卡 （約西元 1 世紀）	《淮德拉》 《美蒂亞》
斯塔提烏斯 （約西元 1 世紀）	《底比斯之戰》
阿波羅多洛斯 （約西元 2 世紀）	《書庫》

荷馬

西元前8世紀中葉的詩人，一般認為出生於希俄斯島或小亞細亞的伊茲米爾。他寫下《伊里亞德》、《奧德賽》兩首敘事詩，從特洛伊戰爭英雄的故事來描述人類與眾神的關係。

賀希歐

活躍於西元前8世紀末的詩人，出生於希臘中部的維奧蒂亞。他在《神譜》中描述世界與諸神的初始，並整理出諸神的系譜；在《工作與時日》中述說有關人類誕生的神話，包括普羅米修斯、潘朵拉的故事等。

羅德島的阿波羅尼奧斯

西元前3世紀的希臘詩人、學者。古代最大的智慧寶庫——亞歷山大圖書館的第2任館長。他寫了冒險敘事詩《阿爾戈英雄》，敘述伊阿宋率領眾英雄乘著阿爾戈號尋找金羊毛的故事。

奧維德

活躍於西元前1世紀～西元後1世紀的羅馬詩人，寫下拉丁文學《變形記》，共15卷，匯集了人類、神祇變身為動植物的故事，對後世影響深遠。

第 1 章 天地創始

~眾神的世界與人類的誕生

鳥瞰第1章

從天地創始到人類誕生

本章介紹希臘神話世界的建立過程中發生的故事，從世界的開端、諸神誕生、瞬息萬變的政權交替，一直到人類社會的發展。

概要

一 3代政權交替

一切都是從宇宙中的一片混沌——卡俄斯開始的。混沌之後，蓋亞（大地）出現，天空之神烏拉諾斯（蓋亞的兒子兼丈夫）從中誕生。然後是3個世代、不同統治者的政權交替。第1代是烏拉諾斯神權時代，第2代是克羅納斯（烏拉諾斯之子）神權時代，第3代是宙斯（克羅納斯之子）神權時代。這3代政權交替是本章的核心。

重點①

克 預言與命運

羅納斯收到「王位遲早會被孩子奪走」的預言，為了反抗命運，就把自己的孩子都吞入腹中，但預言依然成真。「預言＝無可奈何的命運」這條定律在後來的故事中也不時出現。

重點②

宙 宙斯的外遇與12個神

斯登上最高位之後，只要看到中意的對象，無論是神是人、是男是女，一律納入床第。迎赫拉為正宮後，他依然故我，繼續和出軌對象及他們的兒孫交歡。擁有宙斯血統者，往往在眾神和英雄中也顯得出類拔萃，經常成為故事的主角。

重點③

人 人類社會與災難

類獲得智慧後爭鬥不斷，逐漸走向墮落。宙斯不勝其煩，便引發洪水，消滅人類。洪水退了之後。普羅米修斯的兒子琉克里翁與媳婦皮拉遵照神諭拋出石頭，石頭變成新一代人類在煥然一新的世界裡，故事繼續發展。

018

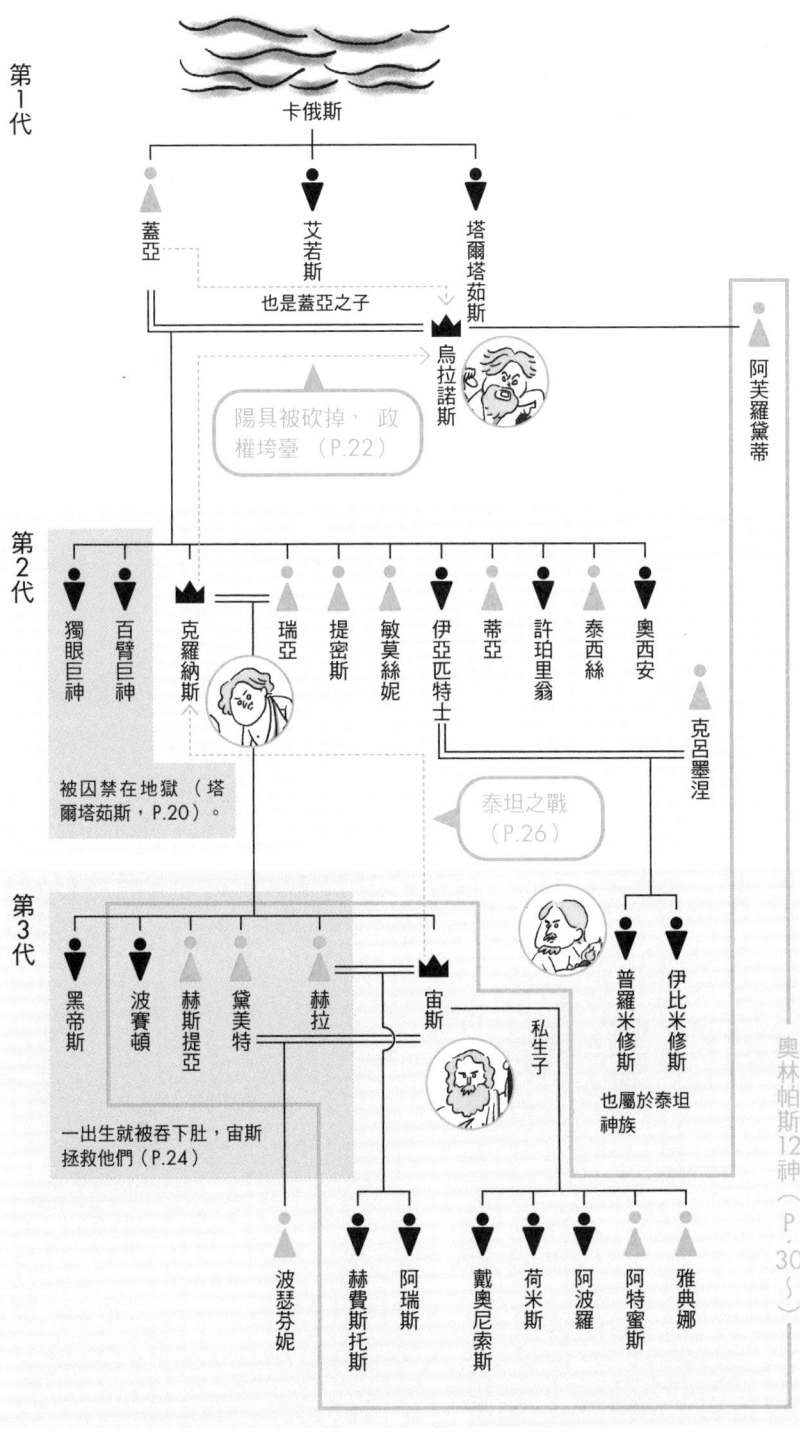

蓋亞

烏拉諾斯把我的孩子丟進地底，我很生氣。

把親骨肉推入地獄底層
大地女神蓋亞所生，是第1個統治全世界的王者。娶母親蓋亞為妻，生下許多孩子，但把大部分孩子推下大地最深處，其中他最討厭的就是獨眼巨神和百臂巨神。

烏拉諾斯

獨眼巨神
只有一隻眼睛的巨人，包括布隆特斯（雷聲）、史特羅佩斯（閃電）、阿爾格斯（閃光）三兄弟。

塔爾塔茹斯
位於地面以下陰暗潮濕的地方，與地面的距離相當於地面到天空的距離，獨眼巨神與百臂巨神被監禁在這裡。

百臂巨神
有100隻手臂的巨人，包括科托斯、布理阿瑞俄斯、古革斯三兄弟。

第1代・世界初始
宇宙形成之初與烏拉諾斯政權

登場人物

蓋亞

烏拉諾斯

宇宙從何而來？眾神又是如何產生的？關於希臘神話中的宇宙形成史，最有系統的作品就是賀希歐的《神譜》。

《神譜》中寫道，首先產生的是卡俄斯。卡俄斯的意思，與其說是混亂模糊的狀態，不如說是萬物誕生的空間開了一個口。從蓋亞、艾若斯、塔爾塔茹斯開始，許許多多的神陸續從這裡誕生。

蓋亞獨力生出許多神，也和自己的兒子烏拉諾斯交合，生出獨眼巨神、百臂巨神等12個泰坦神族（P.23）。

但是，烏拉諾斯把自己的孩子一個個關進地底。其中，他最討厭的就是體格宏偉、臂力驚人的獨眼巨神和百臂巨神。

020

天地創始～眾神的世界與人類的誕生

原初之神誕生，世界揭開序幕

世界形成的過程中，最先出現的是卡俄斯（忽然裂開的空間），然後蓋亞、塔爾塔茹斯、艾若斯從這個空間誕生。接著誕生的是厄瑞玻斯（黑暗）與倪克斯（黑夜），隨後步入眾神誕生的高峰期。

原初3神的誕生

卡俄斯

❶ 蓋亞（大地女神）
❷ 塔爾塔茹斯（大地之底）
❸ 艾若斯（愛神）
愛神艾若斯將蓋亞與烏拉諾斯配成對，還牽起千千萬萬個神與凡人的情緣。

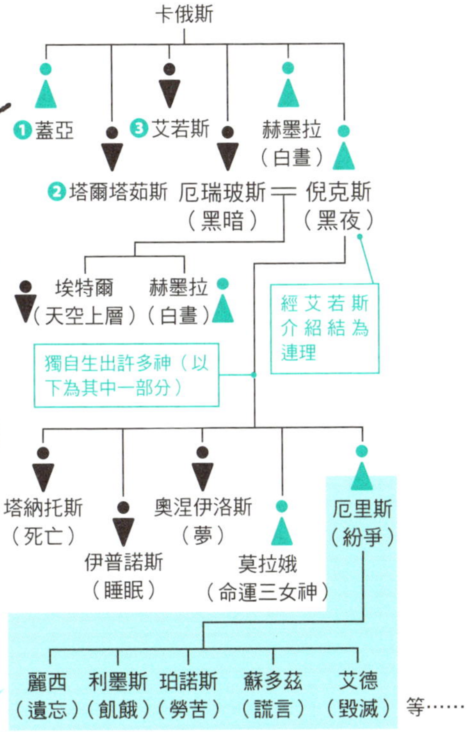

卡俄斯
├─ ❶ 蓋亞
├─ ❸ 艾若斯
├─ 赫墨拉（白晝）
├─ ❷ 塔爾塔茹斯
└─ 厄瑞玻斯（黑暗）═ 倪克斯（黑夜）
　　　├─ 埃特爾（天空上層）
　　　└─ 赫墨拉（白晝）

經艾若斯介紹結為連理

獨自生出許多神（以下為其中一部分）
- 塔納托斯（死亡）
- 伊普諾斯（睡眠）
- 奧涅伊洛斯（夢）
- 莫拉娥（命運三女神）
- 厄里斯（紛爭）
  - 麗西（遺忘）
  - 利墨斯（飢餓）
  - 珀諾斯（勞苦）
  - 蘇多茲（謊言）
  - 艾德（毀滅）等……

典故由來　人類社會黑暗面的始作俑者：厄里斯

紛爭之神厄里斯生出多災難之神。雖然他們是抽象概念的擬人化，卻成為後世人類不可或缺的要素。

希臘神話中的大母神偉大的「蓋亞」！

大地女神蓋亞是偉大的母神，她不僅生出天空（烏拉諾斯）、山和海（蓬托斯），也是眾神之王的始祖。從烏拉諾斯、克羅納斯到宙斯，這3代王者中，烏拉諾斯和克羅納斯是蓋亞的兒子，宙斯則是她的孫子，後來宙斯又生出許多神。

高山　烏拉諾斯（天空）　蓬托斯（海）　蓋亞（大地）

021

這次事件中誕生的神

厄里尼厄斯
對罪犯窮追不捨的復仇女神。她有一雙能飛翔的翅膀，手持火炬，滿頭蛇髮，面容令人不寒而慄。

墨利阿斯
梣樹精靈。據說，能傷人見血的長矛柄之所以用梣樹製造，是因為她誕生自烏拉諾斯的血。

巨人族
上半身是人形，腰部以下是兩條蛇。單個巨人稱為「基迦」(P.118)。

阿芙羅黛蒂
烏拉諾斯的陰莖落海之後，周圍泛起白色泡沫，阿芙羅黛蒂從其中誕生。她是愛與美之女神，奧林帕斯12神之一（P.40）。

蓋亞與烏拉諾斯最小的兒子。在母親蓋亞的策動下襲擊父親烏拉諾斯，成為新的王者。

策劃對烏拉諾斯奪權的就是蓋亞。

烏拉諾斯

蓋亞

克羅納斯

灰色堅硬金屬製成的大鐮刀。由母親蓋亞製造，交給克羅納斯。

政權落到克羅納斯手上

黃金時代

第2代・推翻父親，獲得政權

登場人物

烏拉諾斯

蓋亞

克羅納斯

蓋 亞的丈夫烏拉諾斯把孩子們關進地獄。蓋亞想懲罰丈夫，救出孩子，就用最堅硬的金屬打造了一把大鐮刀，交給小兒子克羅納斯。

克羅納斯埋伏在暗處，伺機向父親報仇。等到烏拉諾斯帶著倪克斯（黑夜）出現，壓在蓋亞身上許久，克羅納斯便趁機揮舞鐮刀，砍下烏拉諾斯的陰莖，過肩拋出。陰莖掉落海中，周圍生起白色泡沫，泡沫中誕生了愛與美之女神——阿芙羅黛蒂。

烏拉諾斯被閹割後，傷口流下的血滴讓蓋亞受孕，生下厄里尼厄斯、墨利阿斯及巨人族。此後，烏拉諾斯失勢，克羅納斯得到統治權，成為新一代王者。

022

天地創始～眾神的世界與人類的誕生

1 第2代的泰坦神族

泰坦神族指烏拉諾斯和蓋亞所生的孩子，共12個神；12神的子孫阿特拉斯（P.27）、普羅米修斯（P.64）等也包括在內。

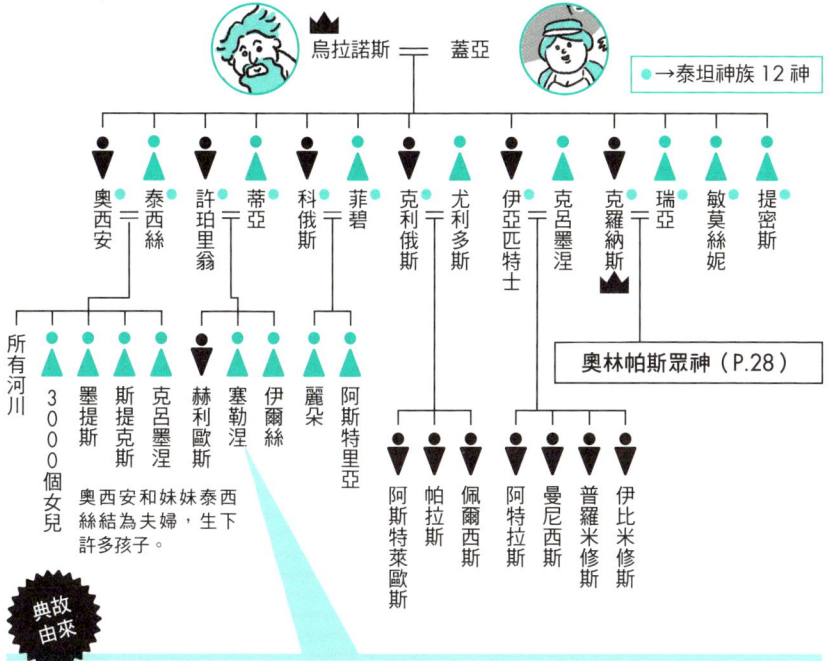

典故由來

在天空奔走的3個神

許珀里翁和蒂亞生了太陽、黎明、月亮3個擬人化的神。他們每天越過天空，為世界推動一天的循環。

赫利歐斯（太陽）
每天早上，太陽神赫利歐斯都乘著由4匹馬所拉的戰車，從東邊登高，跨越天空之路，再降落到西邊，進入黃金宮殿。

塞勒涅（月亮）
夜晚，月亮女神塞勒涅接替赫利歐斯，在天空巡迴。她的戰車通常由兩匹馬拉動，有時也由牛或鹿拉動。

伊爾絲（黎明）
每天清晨，黎明女神伊爾絲第1個打開天空之門，乘著由兩匹馬所拉的戰車，引領哥哥赫利歐斯的馬車越過天空。

023

蓋亞與瑞亞的計畫
蓋亞把瑞亞送到克里特島，讓她在那裡偷偷生下宙斯，並撫養長大。瑞亞則把包著襁褓的大石頭交給克羅納斯，讓他吞下。

害怕預言應驗，將親生子女逐一吞下肚。

克羅納斯變身為馬所生的孩子
為了不讓妻子瑞亞發現，克羅納斯變身為馬，和奧西安（P.23）的女兒發生關係，生下半人半馬的凱隆（P.92）。凱隆善良又有智慧，栽培出許多英雄。

克羅納斯

殘暴不下於其父，把獨眼巨神和百臂巨神關在大地最底端。

克羅納斯的妻子

瑞亞

蓋亞

黃金時代

宙斯的誕生

貪戀權力的克羅納斯

登場人物

克羅納斯

瑞亞

宙斯

克羅納斯迎娶姊姊瑞亞為妻，但因蓋亞和烏拉諾斯曾向他預言：「你會跟你父親一樣，王位被自己的孩子奪走。」所以他把和瑞亞所生的5個孩子一一吞下肚。

孩子被奪走，令瑞亞痛苦不堪。在第6個孩子即將出生前，她和蓋亞與烏拉諾斯商討應對之道。於是，蓋亞將瑞亞藏在克里特島，瑞亞就在島上的洞穴生下第6個孩子宙斯。她把宙斯託付給蓋亞，將一塊大石頭裹在襁褓內，交給克羅納斯，說這是他們的孩子。克羅納斯不疑有他，接過去一口吞了。

宙斯長大後，請奧西安的女兒墨提斯幫忙，讓克羅納斯喝下嘔吐藥。隨後，克羅納斯先吐出石頭，接著吐出5個孩子。

024

在狄克特洞由山羊餵養的宙斯

宙斯在克里特島的狄克特洞出生。蓋亞和精靈們暗中撫養他，以免被克羅納斯發現。

山羊角會流出神酒「奈克塔」與神仙美饌「安珀希雅」。

童年時期的宙斯

寧芙
大自然中的精靈，一般認為是年輕美麗的女子。擔任宙斯的乳母，為他哺乳（P.47）。

克里特島的精靈❶ 庫列斯
外貌如同少年。用長矛敲擊盾牌，發出聲響，防止小宙斯的哭聲傳到克羅納斯耳朵裡。

阿瑪爾提亞
為宙斯哺乳的山羊，也有一說是擔任宙斯乳母的寧芙。

克里特島的精靈❷ 達克堤爾
一般認為是從洞穴的泥土中誕生。可能是侏儒，也可能是巨人。跟庫列斯一樣照顧宙斯。此外，也有傳說他們為了宙斯而發明奧運競技。

宙斯出生的克里特島現在是度假勝地

克里特島是希臘共和國最大的島嶼，西元前2000年邁諾安文明開花結果之處，現在是地中海的度假勝地。

克諾索斯宮殿
英雄翟修斯打敗怪物米諾陶的迷宮傳說據說起源於此（P.105）。

艾達山
克里特島最高的山。有一說指出，宙斯在這座山斜坡上的洞穴裡出生、長大。

狄克特洞
賀希歐的《神譜》（P.10）中寫道，宙斯被藏在艾蓋翁山中的一個幽深洞穴裡，人們相信那就是至今仍存在的狄克特洞。

克羅納斯和瑞亞共有6個孩子，宙斯是么兒

克羅納斯和瑞亞共生了6個孩子，前5個都一生出來就被父親吞進肚裡。下頁會介紹宙斯如何幫助被吞下的兄姊脫離父親的肚子，並與兄姊合作對抗父親；這場戰爭稱為「泰坦之戰」。

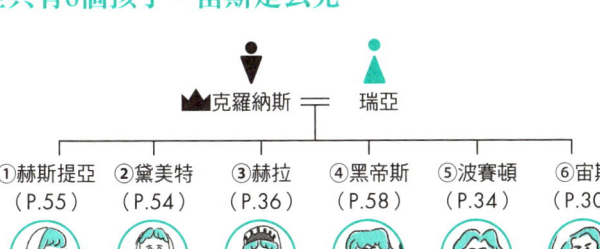

※ 依出生順序排列

泰坦之戰

「第3代」藉由戰爭獲取政權

登場人物
- 宙斯
- 波賽頓
- 黑帝斯

宙斯聯手被父親吐出的兄姊，發起戰爭，挑戰泰坦神族。這場戰爭稱為「泰坦之戰」，戰事激烈，持續了10年之久。期間雙方多次拉鋸，宙斯這一方聽從蓋亞的建議，救出被關在地底的獨眼巨神和百臂巨神。

獨眼巨神出於感謝，運用鍛造技術，為宙斯鑄造了無敵雷霆，為黑帝斯製造了一頂戴上後可隱身的黑帽，為波賽頓打造了三叉戟。體力驚人的百臂巨神用他的100隻手臂投擲山一般的巨石，攻擊泰坦神族。泰坦神族被宙斯發出的猛烈雷電刺痛眼睛，目眩眼花，又被不斷落下的巨石擊中，終於認輸。於是，宙斯率領的奧林帕斯神族贏得最後的勝利。

被宙斯等拯救，成為奧林帕斯眾神的盟友

- 獨眼巨神：用優秀的鍛造技術製造武器給宙斯。
- 百臂巨神：用100隻手向泰坦神族丟出山一般的巨石，展開攻擊。
- 隱形帽
- 三叉戟
- 雷霆

黑帝斯　宙斯　波賽頓

政權交替的故事受了其他神話影響

西臺帝國（西元前17世紀起蓬勃發展的帝國，中心地帶位於現今的土耳其）流傳安努、庫瑪爾比及天氣之神3代政權交替的故事，從中可看出對希臘神話的影響。

烏拉諾斯→安努
克羅納斯→庫瑪爾比
宙斯→天氣之神

026

1 持續10年的激戰

奧林帕斯神族駐紮在奧林帕斯山，泰坦神族駐紮在歐特留斯山，雙方交戰長達10年之久。

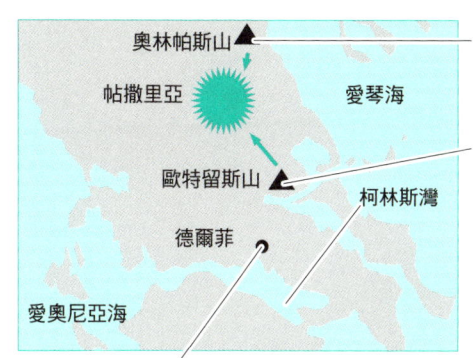

奧林帕斯神族的據點
奧林帕斯神族的據點在帖撒里亞北邊的奧林帕斯山。

泰坦神族的據點
泰坦神族的據點在帖撒里亞南邊的歐特留斯山。

被偽裝成宙斯的石頭安置於此
克羅納斯吃了嘔吐藥後，最先吐出的是一塊石頭，當年他誤以為是宙斯而把它吞下肚（P.24）。那塊石頭據說存放在德爾菲。

典故由來：「鐵達尼號」的名稱取自泰坦神族

豪華客船「鐵達尼號」的名稱來自泰坦神族。「鐵達尼」是「巨大」的意思。

戰敗的泰坦神族中，唯一例外是阿特拉斯

泰坦神族戰敗後，被丟進大地深處的塔爾塔茹斯，波賽頓用青銅製的門牆將他們完全封鎖在內，除了阿特拉斯。阿特拉斯擁有天生神力（P.23），宙斯罰他「支撐天空」。

阿特拉斯是力大無比的巨人，據說他一直用頭和肩膀撐著天空，不讓它掉下來。

典故由來：第一頸椎

脊椎之中，用來支撐頭部、最上方的那條頸椎，英文稱為「Atlas」（阿特拉斯）。

阿特拉斯是泰坦神族的伊亞匹特士和克呂墨涅的兒子。

阿特拉斯

典故由來：做為西方屏障的山脈名稱

古代希臘人將宛如西邊盡頭的高山比擬為阿特拉斯。這座山就是現在的阿特拉斯山脈，橫跨摩洛哥、阿爾及利亞和突尼西亞。順道一提，16世紀的地理學家麥卡托將地圖集命名為「阿特拉斯」，從此，人們便稱呼地圖集為「阿特拉斯」。

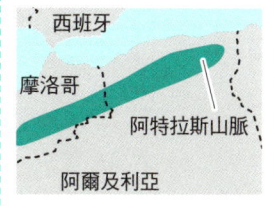

宙斯命鍛造之神赫費斯托斯在山上建造宏偉的宮殿。

眾神的飲食
眾神吃的是名為「安珀希雅」的食物，喝的是名為「奈克塔」的酒，兩者都像蜜一般甘甜，據說吃了會長生不老。

奧林帕斯山
馬其頓與帖撒里亞邊界附近的靈山，近3000公尺高，一般認為是宙斯居住的地方。

宮殿位於白雪皚皚的奧林帕斯山頂，由青銅建造而成。眾神聚集在此，盛宴不斷。

```
奧林帕斯眾神分為兩個世代
（第1代）宙斯／赫拉／波賽頓／黛美特／赫斯提亞
（第2代）雅典娜／阿波羅／阿特蜜斯／阿瑞斯／赫費斯托斯／荷米斯
（其 他）阿芙羅黛蒂／戴奧尼索斯
```

奧林帕斯眾神

新世界的統治者　白銀時代

登場人物

宙斯

波賽頓

黑帝斯

贏

得泰坦之戰後，宙斯那群年輕神祇在奧林帕斯山建造宮殿，在那裡生活。他們會為了維護世界的和平與秩序而召開會議，三不五時舉辦盛宴。主要的神有12個，稱為「奧林帕斯12神」，其中地位最高的是宙斯。

奧林帕斯12神由兩個世代組成：第1代包括宙斯的皇后赫拉、海神波賽頓等宙斯的兄姊；第2代包括戰爭女神雅典娜、光明之神阿波羅等宙斯的孩子，愛與美之女神阿芙羅黛蒂也被列入其中。有一種說法是，爐灶女神赫斯提亞把12神之位讓給豐收之神戴奧尼索斯。眾神之中，12神具有非常重要的地位。而身為宙斯的兄弟，卻成了冥界之王的黑帝斯，因為平常都待在地下，無法參加眾神的集會，所以被排除在12神之外。

028

1 統治區域由抽籤決定

泰坦之戰後，宙斯和哥哥們抽籤決定統治區域。結果，黑帝斯抽中冥界，波賽頓抽中海洋，宙斯抽中天空。其中，掌管天空的宙斯地位最高，全宇宙由他統治。

天空 → 宙斯

冥界 → 黑帝斯　　　　海洋 → 波賽頓

典故由來：太陽系的行星與奧林帕斯眾神

太陽系行星的名稱來自希臘神話中奧林帕斯眾神等神祇的羅馬名字。

水星☿　墨丘利（荷米斯，P.48）
水星只短暫時間出現在黎明或黃昏，給人敏捷俐落的印象，所以用信使之神荷米斯的名字命名。

地球⊕　蓋亞（P.20）
大地母親——地球，以眾神之母蓋亞的名字命名。

金星♀　維納斯（阿芙羅黛蒂，P.40）
亮度僅次於太陽和月亮，看起來美麗耀眼，所以用愛與美之女神阿芙羅黛蒂的名字命名。

木星♃　朱比特（宙斯，P.30）
木星是太陽系最大的行星，用最高神宙斯的名字命名。木星的衛星愛奧、歐羅巴、甘米德、卡利斯多則以宙斯情婦的名字命名。

土星♄　薩頓（克羅納斯，P.22）
土星外圍帶有冰環，其名稱來自吞食自己孩子的克羅納斯。

馬爾斯（阿瑞斯，P.52）**火星♂**
發出血紅的光芒，用軍神阿瑞斯的名字命名；火星的衛星則用阿瑞斯的兒子伏布斯與得摩斯的名字命名。

冥王星♇　普魯托（黑帝斯，P.58）
2006年從行星降級為矮行星。因為它黯淡無光，散發詭異的氣氛，所以用冥界之神黑帝斯的名字命名。

烏拉諾斯（P.20）**天王星♅**
呈現天空般的藍色，所以用天空之神，即宙斯的祖父烏拉諾斯的名字命名。

涅普頓（波賽頓，P.34）**海王星♆**
海王星用海神波賽頓的名字命名。海王星的衛星則分別用波賽頓的兒子特里同、情婦拉瑞莎、海洋寧芙奈瑞德的名字命名。

※譯注：括弧內為希臘神話中神祇的名稱。

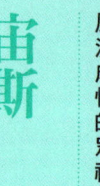

宙斯

風流成性的眾神之王

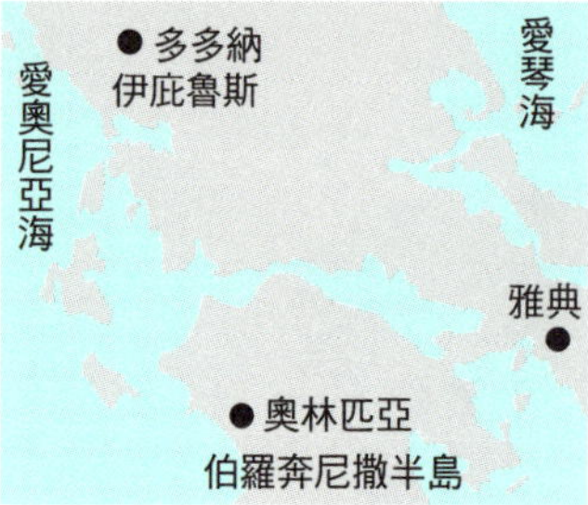

伯羅奔尼撒半島中西部的奧林匹亞、伊庇魯斯地區的多多納成為宙斯的信仰中心。奧林匹亞曾舉行獻給宙斯的祭典競技（古代奧運）。

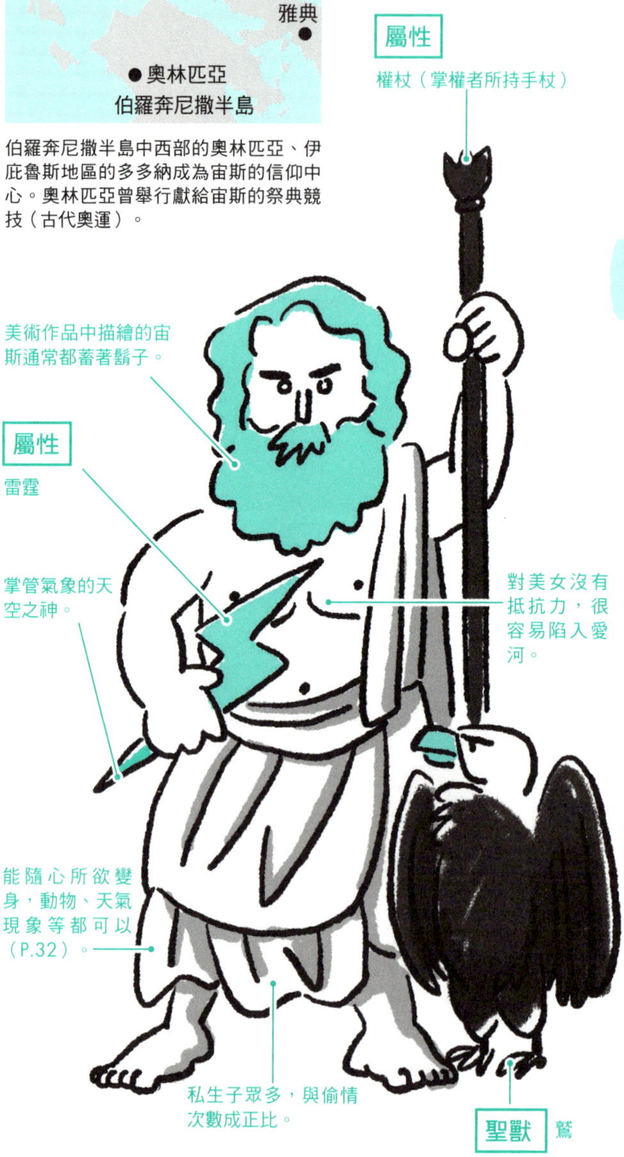

屬性
權杖（掌權者所持手杖）

美術作品中描繪的宙斯通常都蓄著鬍子。

屬性
雷霆

掌管氣象的天空之神。

對美女沒有抵抗力，很容易陷入愛河。

能隨心所欲變身，動物、天氣現象等都可以（P.32）。

私生子眾多，與偷情次數成正比。

聖獸 鷲

宙斯是奧林帕斯眾神中地位最高的，他擁有絕對的權力，強大且可怕。但他也是個花心大蘿蔔，看到美麗的女神、寧芙或凡間女子，他就會馬上燃起愛火。即使妻子赫拉（P.36）美豔絕倫，他還是不斷拈花惹草，所以他的孩子多到數不清，而且遍及四方，超越種族。

【父】克羅納斯　【母】瑞亞　【兄弟姊妹】波賽頓、黑帝斯、赫拉、黛美特、赫斯堤亞
【子】雅典娜、阿波羅、阿特蜜斯、荷米斯、阿瑞斯、赫費斯托斯、戴奧尼索斯 等

※屬性：西洋繪畫中各神祇所持的象徵物。

030

世界因宙斯處處留情而擴展

因為宙斯性好漁色，世上誕生了許多承繼宙斯血脈的神與英雄，各地都留下宙斯的血統。

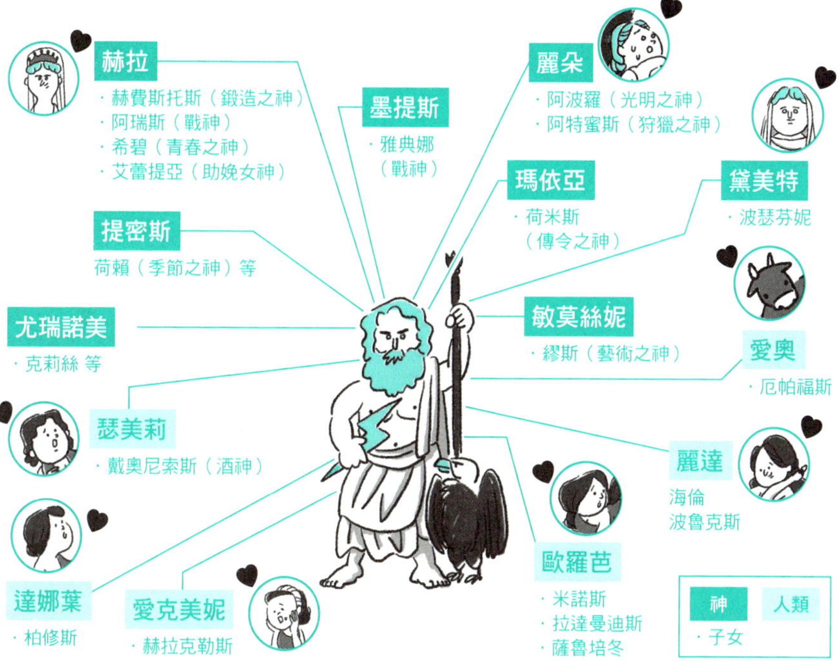

赫拉
・赫費斯托斯（鍛造之神）
・阿瑞斯（戰神）
・希碧（青春之神）
・艾蕾提亞（助娩女神）

墨提斯
・雅典娜（戰神）

麗朵
・阿波羅（光明之神）
・阿特蜜斯（狩獵之神）

瑪依亞
・荷米斯（傳令之神）

黛美特
・波瑟芬妮

提密斯
荷賴（季節之神）等

敏莫絲妮
・繆斯（藝術之神）

尤瑞諾美
・克莉絲 等

愛奧
・厄帕福斯

瑟美莉
・戴奧尼索斯（酒神）

麗達
海倫
波魯克斯

歐羅芭
・米諾斯
・拉達曼迪斯
・薩魯培冬

達娜葉
・柏修斯

愛克美妮
・赫拉克勒斯

神	人類
・子女	

古代奧運是宙斯的祭典

典故由來　每隔4年，奧林匹亞都會為宙斯舉辦祭典競技，這就是現代奧運的起源。當時只有男性能參賽，比賽時必須全裸。另有為赫拉舉辦的、只限女性參賽的祭典競技，就必須穿衣參加。

兩位赫拉克勒斯與奧運

也有一說指出，古代奧運的構想來自克里特島一位名為赫拉克勒斯的達克堤爾（P.25），他是為了小宙斯而想出這個點子。還有一說指出，奧運是由同名的英雄赫拉克勒斯（P.80）首創。

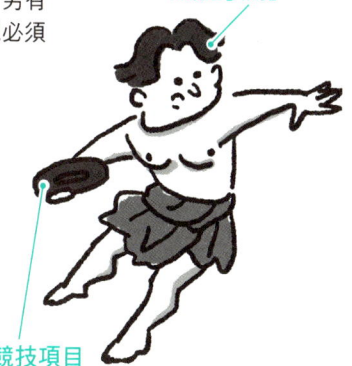

橄欖冠
祭典競技的優勝者會得到「橄欖冠」加冕。

競技項目
包括戰車競賽、五項全能、賽跑、拳擊、摔角、潘克拉辛（相當於現代的綜合格鬥）、武裝賽跑等。現代許多運動競賽與術語都源自希臘。

031

宙斯的變身與偷情史

宙斯迎娶正宮赫拉後，仍不斷拈花惹草。
他會變成動物等各種不同的外形來誘惑女性，這是他的戀愛老招。

變身為鷲
宙斯×甘米德

宙斯也喜歡美少年。他為特洛伊王子甘米德的俊美外貌神魂顛倒，就變成一隻鷲，從天空俯衝而下，用銳利的爪子抓住他，擄回天界，留在身邊擔任酒童侍者；事後送給他的父母兩匹馬和一棵黃金葡萄樹，安撫他們失去兒子的傷痛。

- 被認為是第一美少年。
- 甘米德
- 宙斯的化身。

變身為牛
宙斯×歐羅芭

宙斯看到歐羅芭在腓尼基海邊嬉戲，一見鍾情，便化身為白色公牛，躺在一旁，引起她的注意。歐羅芭走過去，先是撫摸牛背……最後騎了上去。她一騎上來，公牛立刻起身，游進海裡，把她一路載到克里特島。上岸後，宙斯就變回原形，與她翻雲覆雨一番。

典故由來
歐洲
越過大海，登上克里特島。歐羅芭的名字成為「歐洲」的語源。

- 歐羅芭
- 宙斯的化身。
- 和宙斯生了米諾斯、薩魯培冬、拉達曼迪斯3個孩子。

典故由來
金牛座
宙斯化身的牛後來成為金牛座，保持宙斯變身時的樣貌。

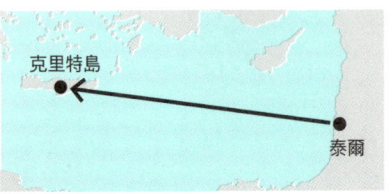

- 克里特島
- 泰爾

歐羅芭是泰爾國王的女兒。泰爾位於現今黎巴嫩西南部，面向地中海。歐羅芭從泰爾渡海來到宙斯的出生地克里特島。

032

變身為天鵝
宙斯╳麗達

美少女麗達沐浴時，宙斯窺見她美麗的胴體，就變身為天鵝，佯裝被鷲追趕。麗達見狀出手相救，抱起天鵝；轉瞬間，他們就熱烈交纏起來。而當天晚上，麗達又和丈夫廷達瑞俄斯親熱。結果她生下兩顆蛋，孵出兩對雙胞胎，其中包括絕世美女海倫（P.124）。

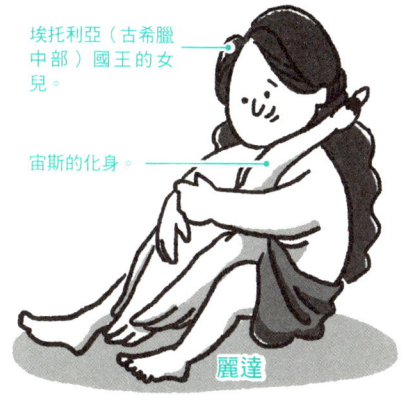

埃托利亞（古希臘中部）國王的女兒。

宙斯的化身。

麗達

變身為黃金雨
宙斯╳達娜葉

宙斯的化身。

達娜葉

阿古斯國王阿克里西俄斯收到預言，得知女兒達娜葉的兒子會置他於死地。於是，他把達娜葉關在青銅造的地下室裡，不讓她和任何人接觸。不過，宙斯對她的美一見傾心，就化為黃金雨，傾洩在她身上。於是，達娜葉懷孕了，生下的兒子就是英雄柏修斯（P.76）。

另有一說是，達娜葉之所以懷孕，是因為遭父親的兄弟侵犯。

現出原形
宙斯╳瑟美莉

宙斯化為人類的形象，和美少女瑟美莉交歡，使瑟美莉懷了孕。赫拉為此醋勁大發，就設計欺騙瑟美莉，慫恿她要求宙斯現出真面目。在瑟美莉的要求之下，宙斯只得現出原形。當場，瑟美莉就被閃電擊中，活活燒死。只有懷胎中的兒子被救出，也就是戴奧尼索斯（P.56）。

底比斯國王卡德摩斯與和諧女神的女兒。

宙斯的原形是雷神。

瑟美莉

波賽頓

粗暴蠻橫的海神

尤波伊亞島
雅典
科林斯
蘇尼翁角
馬塔潘角

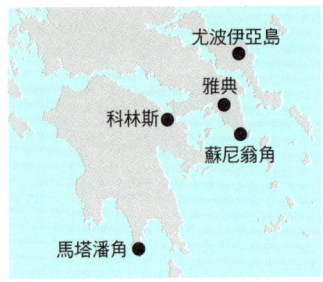

波賽頓住在尤波伊亞島附近海底的黃金宮殿，科林斯的一部分也在他的管轄範圍。馬塔潘角有他的神像，蘇尼翁角至今仍有波賽頓神殿留存。

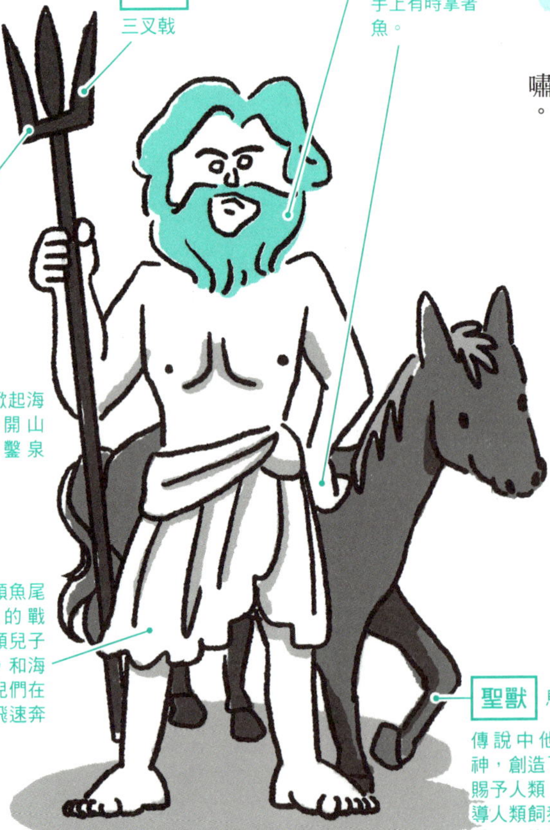

藝術作品中描繪的波賽頓大都留著鬍子，外型和宙斯非常相似，兩者的區別主要在於屬性。
屬性
三叉戟
手上有時拿著魚。
矛頭能掀起海浪、劈開山嶽、開鑿泉水。
乘著馬頭魚尾怪所拉的戰車，率領兒子特里同，和海豚、魚兒們在大海中飛速奔馳。
聖獸 馬
傳說中他是馬神，創造了馬，賜予人類，並教導人類飼養與騎乘馬匹的方法。

波賽頓是宙斯的哥哥，也是海洋的統治者，負責守護海上航行的安全，相當於羅馬神話中的海神涅普頓。個性粗暴易怒，心情不好時，就會引發地震和海嘯。

據說他原本不是海神，而是大地之神；人們也認為他是陸地上的河流、湖沼、泉水之神。

【父】克羅納斯【母】瑞亞【兄弟姊妹】宙斯、黑帝斯、赫拉、黛美特、赫斯堤亞
【子】特里同、本特西庫墨、蘿德、波呂斐摩斯、佩加索斯、克利薩爾

波賽頓一家個性各有千秋

波賽頓是個獵豔高手，風流韻事廣為流傳，家庭成員也都各具特色。

海豚
波賽頓向安菲翠緹求婚時，把她給嚇跑了。海豚找到她，說服她答應婚事。

安菲翠緹
「涅瑞伊得斯」（海中寧芙）之一，在奈克索斯島跳舞時，波賽頓對她一見鍾情，後來成為波賽頓的正室。

特里同
波賽頓和安菲翠緹的兒子，上半身是人類，下半身是魚尾。他吹響螺旋狀海螺來平息海上的風暴。

黛美特（P.54）
為了逃避波賽頓而變身為母馬，但波賽頓變成公馬和她交合，生下神馬阿里翁。

梅杜莎（P.77）
在女神雅典娜的神殿與波賽頓共度春宵，被女神變成醜陋的怪物。後來生下佩加索斯、克利薩爾兩個孩子。

蓋亞（P.20）
蓋亞是波賽頓的祖母，但波賽頓也和她發生關係，生出巨人安泰俄斯。

尤瑞艾莉
克里特國王米諾斯的女兒尤瑞艾莉，與波賽頓生下巨型獵人奧瑞翁。

埃特拉
一般認為英雄翟修斯（P.100）的父母是雅典國王愛琴士和特715公主埃特拉，但也有人說他是埃特拉和波賽頓的兒子。

和眾神爭奪城市，但一敗塗地

波賽頓和許多神爭奪城市主神之位，但大都鎩羽而歸。

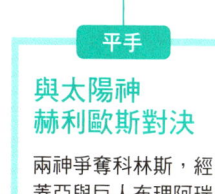

科林斯　雅典
阿古斯

平手
與太陽神赫利歐斯對決
兩神爭奪科林斯，經蓋亞與巨人布理阿瑞俄斯裁決，由赫利歐斯掌管城市中央的高地科林斯衛城，其他地方則屬於波賽頓。

敗
和女神赫拉相爭
赫拉擔任阿古斯的守護神。波賽頓覬覦阿古斯，但阿古斯的河神都支持赫拉。波賽頓為此大怒，使該地所有河川枯竭，處處海水氾濫。

平手
和女神雅典娜較量
兩神為爭取雅典而過招；雅典娜讓土地長出橄欖樹，波賽頓則使地上湧出鹽水泉。結果，雅典人選擇女神為守護神。波賽頓引發洪水抗議，但被宙斯制止了。

035

赫拉

善妒的宙斯王后

赫拉的敬拜習俗遍布整個希臘，但主要的信仰中心位於阿古斯和薩摩斯島。薩摩斯島的赫拉神殿已登錄為世界遺產。

赫拉是最高神宙斯的姊姊兼妻子，也是婚姻、生育與女性的守護神。她知道宙斯是個花花公子，所以對於和宙斯結婚的事，她的態度不甚積極，在以為正宮的條件之下，她才答應。赫拉是個醋罈子，報復心極強，用狠毒的手段殘害宙斯的情婦與私生子；而她本身是婚姻之神，謹守貞操，從未出軌。

屬性：權杖
屬性：王冠

- 一般認為赫拉本來是原住民族的神，後來被納入希臘神話，才被視為希臘神話主神宙斯的妻子。
- 美術作品中，她通常依偎在宙斯身旁。
- 為了魅惑宙斯，她身上戴著一條據說可增加魅力的皮帶，那是愛之女神阿芙羅黛蒂給她的。
- 她一出生就被克羅納斯吞下肚（P.24）。有一說指出，她被吐出後，由奧西安和特提斯（P.23）撫養長大。

聖獸：孔雀

【父】克羅納斯 【母】瑞亞 【兄弟姊妹】宙斯、波賽頓、黑帝斯、黛美特、赫斯堤亞
【子】赫費斯托斯、阿瑞斯、希碧、艾蕾提亞

036

全希臘歡慶宙斯與赫拉的婚禮

宙斯與赫拉在赫斯珀里斯的果園舉行婚禮，接受奧林帕斯眾神的祝福；希臘各地也舉辦「聖婚」儀式，紀念他們結婚。

變身杜鵑鳥來求婚
在某個暴風雨的日子，宙斯變成一隻杜鵑鳥，被雨淋得一身濕，躲在赫拉衣衫中避雨。雨停後，他變回原形，向赫拉求婚成功。

宙斯

蓋亞

祖母蓋亞贈送黃金蘋果當做結婚禮物。

跟赫拉結婚之前，宙斯還有墨提斯、提密斯兩任妻子，而赫拉被封為正宮。

古希臘各地皆舉辦慶祝儀式
古希臘各地都會舉辦慶賀兩神結婚的儀式，稱為「聖婚」。人們會為赫拉木像穿上新娘禮服，在街上遊行，讓神像躺在象徵結婚新床的地方。

典故由來

6月與6月新娘
赫拉與羅馬神話的朱諾（Juno）被視為同一個女神，所以她也是6月（June）的起源。傳說中，「6月新娘」備受婚姻守護神赫拉的保護。

嫉妒之外，也有恩愛的一面？

宙斯與赫拉的婚姻中，除了赫拉因丈夫偷吃而打翻醋罈子，和她可怕的報復手段以外，也有一些甜蜜的小故事。

嫉妒時

容不下情婦和私生子
赫拉對宙斯的情婦毫不留情。她會藉著降疫病、用蟲驅趕、妨礙生產等方式，無所不用其極的凌虐她們，以及她們所生的孩子。

（赫拉的受害者）
赫拉克勒斯／愛奧／卡利斯托／瑟美莉／戴奧尼索斯／麗朵／歐羅芭／伊諾等

恩愛時

赫拉吃木像的醋？
某次，赫拉因宙斯的劈腿行為，氣到離家出走。宙斯就為木像罩上面紗，宣布：「我要娶新老婆。」才剛說完，赫拉就衝出來，一把扯下面紗。當她看到木雕像，知道宙斯是為了尋找自己才出此招，怒氣便煙消雲散。

宙斯保護妻子免於誘惑
宙斯邀請人類伊克西翁參加天界的盛宴，伊克西翁卻勾引赫拉。宙斯大怒，將一朵雲化為赫拉的形象，伊克西翁便和那朵雲交合。宙斯憤怒難消，就讓伊克西翁下地獄，永遠接受懲罰。

受罰的伊克西翁

雅典娜

自視甚高的戰爭女神

典故由來

城市名「雅典」

雅典娜是雅典的守護神（P.35），城市名稱源自她的名字，供奉她的帕德嫩神廟建在市中心的衛城山丘上。

●雅典

聖獸

貓頭鷹，是智慧的象徵，常伴女神左右，有時會停在她的肩上。

屬性

頭盔和長槍

盾牌上鑲嵌梅杜莎的頭，那是英雄柏修斯（P.76）獻給她的。

典故由來

端莊美麗

屬性

山羊皮製的胸甲，稱為「埃癸斯」，英語是「Aegis」，即宙斯盾軍艦（Aegis warship）名稱的由來。

通常被描繪為武裝形象。

在巨人族（P.118）之戰中，雅典娜殺死巨人帕拉斯，剝下他的皮製成自己的防護具，並將防護具命名為帕拉斯。

　雅典娜是戰爭女神，也是智慧女神。阿瑞斯也是戰爭之神，但阿瑞斯喜歡逞凶鬥狠，雅典娜則偏好鬥智的戰術。對於反抗神的人，她會施以嚴懲，絕不姑息。她是守貞的處女神，但在她拒絕赫費斯托斯的追求時，有一個半人半蛇的孩子出生。這個孩子就是後來的雅典國王伊利克托尼俄斯，相當於羅馬神話的米娜娃。

【父】宙斯 【母】墨提斯 【兄弟姊妹】阿波羅、阿特蜜斯、荷米斯、赫費斯托斯、阿瑞斯 等 【子】伊利克托尼俄斯

038

驚人！全副武裝，從宙斯頭部誕生

宙斯收到預言，得知墨提斯生的兒子將來會奪走他的王位。於是，他把墨提斯吞下肚，但孩子仍繼續在他體內成長。有一天，宙斯頭痛欲裂，難以忍受，便吩咐赫費斯托斯用斧頭劈開他的頭顱，全副武裝的雅典娜隨即從裡面跳出來，誕生在這個世界。

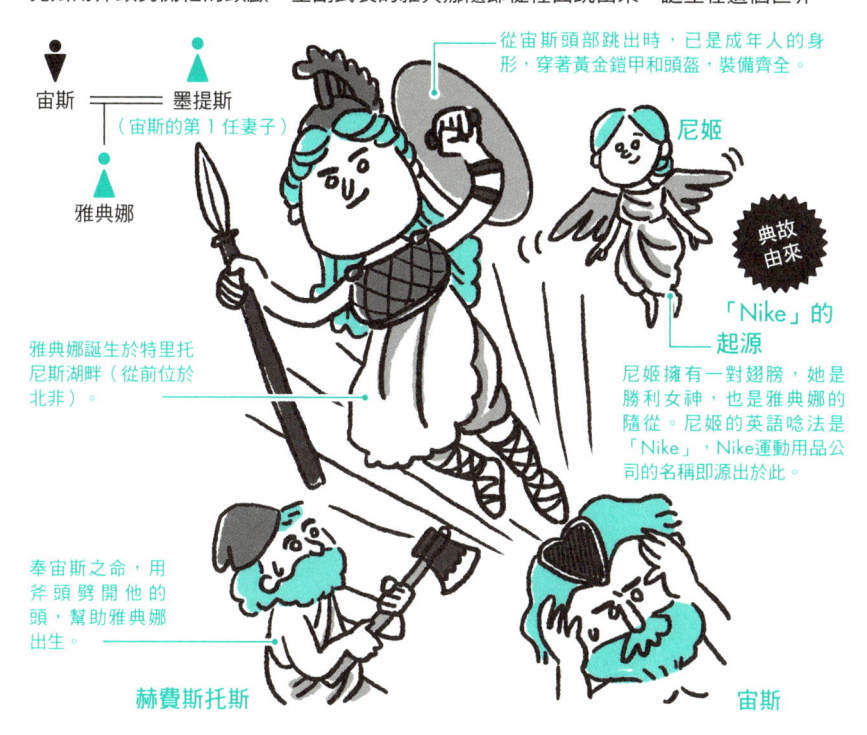

宙斯 ── 墨提斯
（宙斯的第 1 任妻子）
雅典娜

從宙斯頭部跳出時，已是成年人的身形，穿著黃金鎧甲和頭盔，裝備齊全。

尼姬

雅典娜誕生於特里托尼斯湖畔（從前位於北非）。

典故由來 「Nike」的起源

尼姬擁有一對翅膀，她是勝利女神，也是雅典娜的隨從。尼姬的英語唸法是「Nike」，Nike運動用品公司的名稱即源出於此。

奉宙斯之命，用斧頭劈開他的頭，幫助雅典娜出生。

赫費斯托斯　　　　　　**宙斯**

扮演守護神角色，保護許多英雄

身為戰爭女神的雅典娜是眾多英雄的守護神，她幫助英雄們發揮才能。

赫拉克勒斯
赫拉克勒斯挑戰12道難題時，雅典娜供應他武器，幫他出主意；他去冥界時，雅典娜也助他一臂之力（P.82）。

謝謝

赫拉克勒斯　　柏勒洛豐

柏勒洛豐
一條黃金韁繩，讓他達成心願，騎上飛馬佩加索斯（P.90）。

柏修斯

柏修斯
柏修斯前往降服戈爾貢姊妹中的梅杜莎時，雅典娜給了他一個打磨得亮晶晶的青銅盾牌與劍（P.76）。

也是技藝女神，將各種文明傳給人類

除了戰神以外，雅典娜也是技藝女神。她發明了紡織品、武器，以及冶金、造船、航海等各式各樣的技術，並傳授給人類。

雅典娜的發明
・紡織品　・陶器
・建築　　・造船
・斧頭、長槍等武器
・冶金
・航海術　等

阿芙羅黛蒂

主動追愛的愛與美之女神

賽普勒斯島（今賽普勒斯）的阿芙羅黛蒂信仰特別盛行；傳說中，阿芙羅黛蒂在海上出生後即登陸於此。一般認為阿芙羅黛蒂起源於敘利亞，從賽普勒斯島傳到希臘本土。

地圖標示：奧林帕斯山、雅典、敘利亞、賽普勒斯島

【隨從】愛神艾若斯。他的來頭眾說紛紜，有人說他是阿芙羅黛蒂和阿瑞斯的孩子之一。

美之女神，據說男神們皆為她的絕色而目瞪口呆。

依據賀希歐（P.16）的說法，她是從海中泡沫誕生；但荷馬（P.16）認為她是宙斯和泰坦神族的戴奧妮所生。

【屬性】玫瑰花

【聖獸】天鵝

【屬性】黃金蘋果。阿芙羅黛蒂在和赫拉、雅典娜的選美競賽中（P.122）得到第一，獲頒黃金蘋果。

阿芙羅黛蒂是愛、美與豐收女神，相當於羅馬神話的維納斯。當克羅納斯割下父親烏拉諾斯的陽具，丟進海裡，陽具周圍生起白色泡沫，阿芙羅黛蒂便誕生自那些泡沫中（P.22）。她在賽普勒斯島上岸後，就被列入奧林帕斯12神。她的結婚對象是眾神中最醜的赫費斯托斯，但因夫妻失和，她和戰神阿瑞斯等許多神與凡人發生了婚外情。

【父】克羅納斯　【子】艾若斯、安提羅斯、伏布斯、得摩斯、和諧女神、普里阿普斯、赫馬芙羅狄特斯、埃涅阿斯

040

家喻戶曉的誕生場景

典故由來

阿芙羅黛蒂的誕生場景是許多美術作品的主題，其中，波提且利的名畫《維納斯的誕生》（約1458年）特別廣為人知。這幅畫描繪出生不久的女神搭乘著貝殼，由西風吹送，往預定上岸的島嶼前進。

相擁的男女是西風之神澤費魯斯和寧芙柯蘿里斯。他們是愛的象徵，西風意味春天的到來。

S形的身體曲線是模仿古希臘時期的阿芙羅黛蒂雕像。

季節女神，宙斯與提密斯的女兒，原本有3位。

柯蘿里斯

荷賴

澤費魯斯

波提且利的作品，長172.5公分、寬278.5公分的大幅畫作。

描繪女神出生之後、即將登上賽普勒斯島的情景。

荷賴在島上迎接阿芙羅黛蒂，獻上一件美麗的紅色長袍。

對其貌不揚的丈夫感到厭倦？

阿芙羅黛蒂並非忠貞不渝、賢良淑德的妻子，或許是因為受夠了其貌不揚的丈夫，她外遇不斷。

最有名的情夫是

戰神阿瑞斯

婚後不久，阿芙羅黛蒂就和阿瑞斯偷情（P.52）；但因有人告密，他們被正牌丈夫抓個正著。

丈夫
赫費斯托斯

不管怎樣，我們感情很好！

早夭的花朵
「銀蓮花」

典故由來

阿芙羅黛蒂愛上人類美少年阿多尼斯，但他被野豬撕裂而死。因為阿芙羅黛蒂的悲傷，阿多尼斯的血泊中開出紅色花朵。這種花經風一吹即四散紛飛，所以又名「風之花」（銀蓮花）。

041

阿波羅

反映理想形象的光明之神

因為阿波羅誕生的榮光，該島嶼被稱為「光明之島」，成為阿波羅信仰的聖地。帕納塞斯山麓的德爾菲設置了阿波羅神諭所，也是一處聖地。

地圖標示：德爾菲、帕納塞斯山、雅典、提洛島

阿波羅是宙斯和泰坦神族之女麗朵的兒子，女神阿特蜜斯（P.46）的雙胞胎弟弟。他擁有光彩動人的外貌，藝術、醫術、音樂、射箭等，十八般武藝樣樣行；知識豐富又精通戰術。

阿波羅是宙斯和泰坦神族之女麗朵的兒子，後來又被奉為太陽神。他出生於愛琴海的提洛島，奉宙斯之命前往德爾菲，向法律女神提密斯學習預言之事，被視為希臘最理想的神。

屬性
弓箭。和姊姊阿特蜜斯一樣，都是射箭高手。

屬性
豎琴。很喜歡荷米斯給他的豎琴，並練就了高超的琴藝（P.49）。

也是音樂之神。古希臘的瓶繪中常見他彈奏豎琴的風采。

有些古代瓶繪中畫有鬍鬚，但大部分美術作品並未畫鬍鬚，以裸體表現的也不少。

年輕俊美男性形象的典型，一般認為他是具體呈現完美、理想青年形象的神。

屬性
月桂樹（P.45）

【父】宙斯　【母】麗朵　【兄弟姊妹】阿特蜜斯、雅典娜、荷米斯、赫費斯托斯 等
【子】阿斯克雷皮俄斯、阿里斯泰俄斯、摩普索斯、奧菲斯 等

042

雖飽受迫害，仍光芒四射的誕生

麗朵懷了宙斯的孩子，赫拉（P.36）知道後醋勁大發，極力阻撓麗朵生產，禁止任何有陽光的土地收留麗朵。麗朵只得拖著懷孕的身子，四處奔波，尋找分娩的地方。

奧爾蒂賈島是從海中升起的浮島，赫拉的禁令尚未傳達過來，所以麗朵在這裡生下孩子，該島也改名為「提洛島」（光明之島）。

持續陣痛了9天9夜之後，麗朵終於生下阿波羅和阿特蜜斯。

- 提洛島
- 麗朵
- 阿特蜜斯

生產過程中，麗朵緊抓著島上的一棵棕櫚樹，那棵樹至今仍在提洛島。

麗朵的妹妹阿斯特里亞變身為鵪鶉落入海中，形成這座浮島。這座島又名奧爾蒂賈島，意思是「鵪鶉之島」。

波賽頓奉宙斯之命保護這座島免受赫拉侵擾，麗朵才能把孩子生下來。

預言之神，將神諭傳達給世人

阿波羅奉宙斯之命來到德爾菲之後，殺死鎮守當地的巨蟒皮同，贏得神諭所。他在大地裂縫上架起三腳架，讓女祭司坐在上面傳達神諭。

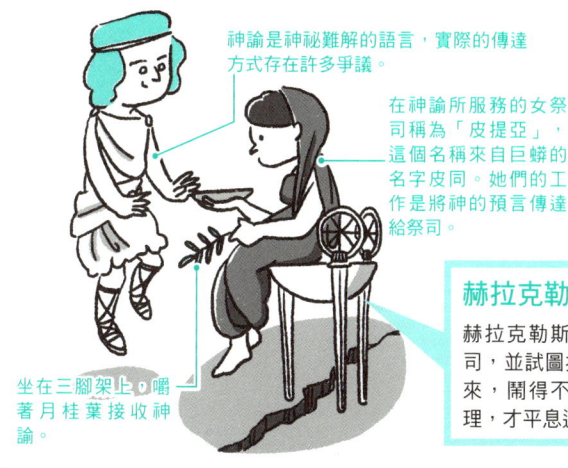

神諭是神祕難解的語言，實際的傳達方式存在許多爭議。

在神諭所服務的女祭司稱為「皮提亞」，這個名稱來自巨蟒的名字皮同。她們的工作是將神的預言傳達給祭司。

坐在三腳架上，嚼著月桂葉接收神諭。

神諭是什麼？

神諭就是神的啟示，透過女祭司等中介傳達給世人。古希臘各地都有神諭所，人們要做重大決定時，就會到神諭所接受神的啟發指示。一般認為在德爾菲領受的神諭比其他地方更重要。

赫拉克勒斯搶三腳架

赫拉克勒斯因得不到神諭，大罵女祭司，並試圖搶走三腳架。阿波羅匆忙趕來，鬧得不可開交，直到宙斯出面處理，才平息這場紛爭（P.87）。

043

阿波羅是希臘神話中的失戀王

阿波羅公認是希臘神話中第一美少年，
但他的戀情總無法開花結果。

化為花朵的美少年
雅辛托斯

斯巴達的雅辛托斯是個令人目眩神迷的俊美少年，阿波羅深愛著他。有一次兩人擲鐵餅玩，阿波羅投出的鐵餅意外砸中雅辛托斯的額頭，使他身受重傷，當場一命嗚呼。

雅辛托斯的出身眾說紛紜，一般認為他是斯巴達國王阿密克拉斯的兒子，但也有一說是繆斯的兒子。

據說是因為西風澤費魯斯（P.41）嫉妒他倆的感情，就刮起風來，改變鐵餅的軌道。

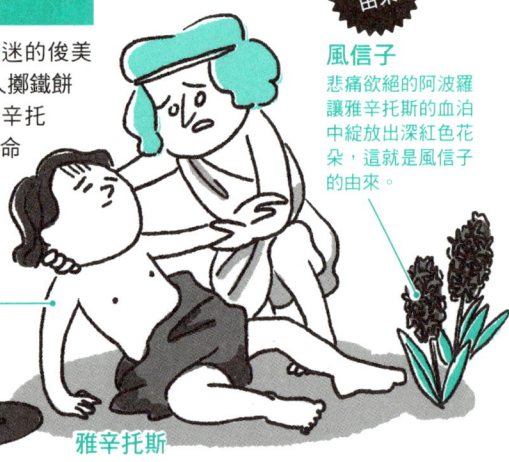

典故由來

風信子
悲痛欲絕的阿波羅讓雅辛托斯的血泊中綻放出深紅色花朵，這就是風信子的由來。

雅辛托斯

因悲傷過度而化為樹木
奇帕里索斯

典故由來

絲柏
絲柏的英語是「Cypress」，希臘語則是「Kyparissos」，被視為悲傷的象徵。

阿波羅愛上了基歐斯島的美少年奇帕里索斯。奇帕里索斯有一隻公鹿，長了金光閃閃的角，他把牠當做寶貝。某次他投長矛時不慎刺中了鹿，使鹿失去生命。奇帕里索斯悲痛萬分，一心求死，阿波羅便將他化為絲柏。

奇帕里索斯

奇帕里索斯心愛的鹿。他經常帶牠到草地上吃草。

044

連續打槍阿波羅
達芙妮

阿波羅瘋狂愛戀河神的女兒達芙妮,甚至想將她據為己有。不過,達芙妮堅決拒絕阿波羅的感情,死命閃躲。當達芙妮筋疲力盡、無處可逃,即將落入阿波羅掌心時,向父親求助。父親立即將她變成月桂樹,使得阿波羅的愛情落空。

阿波羅心如刀割,將月桂樹(希臘語的「達芙妮」)定為自己的聖樹。此後,桂冠就被用來當做奧運會優勝者的王冠。

開始變身為月桂樹的達芙妮。

艾若斯點燃愛火
這個愛情故事起於愛神艾若斯(P.40)。他向阿波羅射出燃起愛苗的金箭,卻向達芙妮射出澆熄愛火的鉛箭。

即使被冷眼相待,阿波羅仍緊追不捨。

達芙妮

據說烏鴉原本有一身白羽毛,因為向神報告出軌的事而激怒了神,才被變成黑色。

科洛妮絲出軌,阿波羅憤而一箭射穿她的胸口。

許多美術作品以這個故事為主題。其中,貝尼尼的大理石雕刻以其優美而獨樹一格。

因偷情而觸怒神
科洛妮絲

阿波羅和帖撒里亞少女科洛妮絲彼此相愛。某次他聽說科洛妮絲和凡間男子伊斯庫斯有一腿,盛怒之下就殺了她,她當時還懷有身孕。把科洛妮絲偷情之事告訴阿波羅的是一隻烏鴉,阿波羅因為氣昏了頭,就把烏鴉變成黑色。

科洛妮絲

WHO的標誌:阿斯克雷皮俄斯之杖
典故由來

阿波羅從科洛妮絲遺體中取出的胎兒後來成為優秀的醫神,他的權杖則成為醫療的象徵,WHO(世界衛生組織)也用來做為會徽標誌。

可悲的預言家
卡珊卓
典故由來

阿波羅賜給特洛伊公主卡珊卓(P.123)預言能力,但卡珊卓拒絕阿波羅的愛,於是阿波羅詛咒她:沒有人會相信她的預言;因此有了「卡珊卓症候群」的說法,用來形容因周遭人的不理解而造成身心不適的狀況。

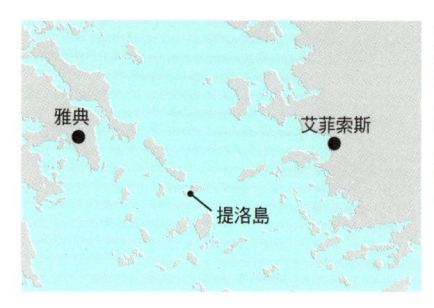

阿特蜜斯

對男人毫不留情的狩獵女神

她的出生地提洛島現已成為阿波羅與阿特蜜斯的聖地，土耳其西岸的艾菲索斯（現在的以弗所）至今仍有供奉阿特蜜斯的巨大神殿。

地圖標示：雅典、艾菲索斯、提洛島

西洋繪畫中，有時她的頭部會有一彎新月。

【屬性】箭筒

【屬性】弓

她除了是狩獵女神，也是野生動物（她的獵物）誕生、成長的守護神。

比阿波羅早出生，還幫忙接生弟弟，所以也是孕婦、產婦的守護神。

除了獵犬，有時身邊也有鹿陪伴。

【聖獸】獵犬

阿特蜜斯是狩獵女神，宙斯與麗朵的女兒。弟弟阿波羅後來被奉為太陽神，她則是月亮女神，相當於羅馬神話的女神黛安娜。

阿特蜜斯也是冰清玉潔的處女神。她拒絕和男性戀愛，平日與寧芙們在山野中以狩獵為樂；累了就在山泉、河水中沐浴，消除疲勞。她們最深惡痛絕的就是領域被侵犯與貞潔受玷污。

【父】宙斯 【母】麗朵 【兄弟姊妹】阿波羅、雅典娜、荷米斯、赫費斯托斯 等
【子】無

046

高傲難纏的處女神

身為處女神,對於褻瀆自己的男性,她會毫不留情的反擊。她也要身邊的寧芙們發誓守貞,違背誓言者,她必定嚴懲。

獵人阿克泰翁迷路時,撞見沐浴中的阿特蜜斯。因為他看見了自己的裸體,阿特蜜斯就把他變成鹿,做為懲罰。

狩獵後習慣在山泉、河流或湖中沐浴。

阿克泰翁

卡利斯托

寧芙

典故由來

被升上天空的大熊星座

卡利斯托是阿特蜜斯身邊的寧芙,她瞞著阿特蜜斯,懷了宙斯的孩子,但在洗澡時被發現。於是阿特蜜斯把她變成熊,做為懲罰。後來,卡利斯托和她的兒子都被升上天空,成為大熊星座與小熊星座。

當時阿克泰翁帶了50隻獵犬,阿特蜜斯把他變成鹿之後,就唆使那些狗攻擊主人。

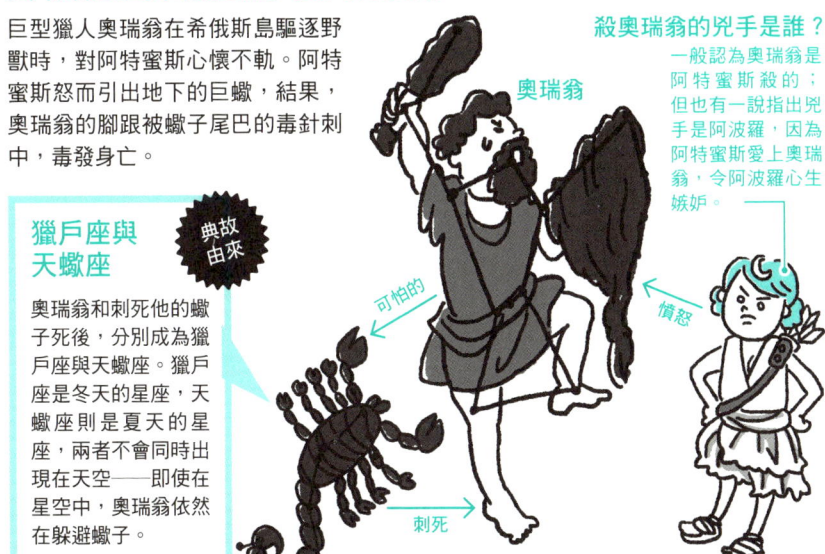

寧芙是什麼?

寧芙不是神,也不是凡人。她們是年輕貌美的女子,類似妖精或精靈,住在洞穴或森林等自然環境裡。個性溫和,喜歡唱歌跳舞,會和神與人類戀愛。

奧瑞翁意圖染指純潔少女阿特蜜斯

巨型獵人奧瑞翁在希俄斯島驅逐野獸時,對阿特蜜斯心懷不軌。阿特蜜斯怒而引出地下的巨蠍,結果,奧瑞翁的腳跟被蠍子尾巴的毒針刺中,毒發身亡。

奧瑞翁

殺奧瑞翁的兇手是誰?

一般認為奧瑞翁是阿特蜜斯殺的;但也有一說指出兇手是阿波羅,因為阿特蜜斯愛上奧瑞翁,令阿波羅心生嫉妒。

典故由來

獵戶座與天蠍座

奧瑞翁和刺死他的蠍子死後,分別成為獵戶座與天蠍座。獵戶座是冬天的星座,天蠍座則是夏天的星座,兩者不會同時出現在天空──即使在星空中,奧瑞翁依然在躲避蠍子。

可怕的

憤怒

刺死

荷米斯

精明的信使之神

據說他是在阿卡迪亞的一個洞穴中出生。一般認為他原本是當地的地方神,被列入奧林帕斯12神之後,才受到廣泛信仰。

宙斯和阿特拉斯之女瑪依亞的兒子。個性精明,出生那天就騙了阿波羅,偷走他的牛;之後又靠交易手腕解決大大小小的麻煩,因此又成了商業與畜牧之神,相當於羅馬神話中的商業之神墨丘利。另外,他也是旅行的守護神。他的工作包括替神傳遞訊息、帶領死者的靈魂前往地下冥界等。

屬性:傳令之杖

戴著有羽翼的寬邊帽,稱為「翼帽」。

兩隻蛇纏繞的黃金權杖,稱為「雙蛇雙翼之杖」,象徵信使的角色。

穿著附有羽翼的涼鞋,稱為「帶翼涼鞋」。

屬性:附有翅膀的涼鞋

【父】宙斯 【母】瑪依亞 【兄弟姊妹】阿波羅、阿特蜜斯、雅典娜、赫費斯托斯 等
【子】潘恩、赫馬芙羅狄忒斯、奧托里庫斯、尤利多斯、阿布得羅斯

048

一出生就偷牽牛！

荷米斯在出生當天就跑出洞穴，偷走哥哥阿波羅養的50隻母牛。不過。這一切難逃阿波羅的法眼。阿波羅上門興師問罪，他卻裝無辜：「我才剛出生，不可能做這種事。」

阿波羅發現牛隻遭竊，經過占卜，查出小偷是荷米斯，勃然大怒。

阿波羅

他讓牛倒著走，讓人分辨不出從牛舍往外走的足跡，甚至還給牛穿上鞋子。

他剝下龜殼，用偷來的牛腸子當做琴弦，製成一把豎琴，送給阿波羅。

他承諾給目睹犯行的老人一頭牛，並藉此收買他。

不知為何，荷米斯雖然當小偷，卻依然討人喜歡

阿波羅×荷米斯
荷米斯撥動琴弦，引起阿波羅對豎琴的興趣。於是阿波羅用牛來交換豎琴，原諒了荷米斯偷牛的事，兩人變成麻吉。

宙斯×荷米斯
宙斯寬恕荷米斯的偷竊與撒謊行為，要他和阿波羅和好。不但如此，還因為器重他的才能，任命他為眾神的信使。

荷米斯有個性的孩子們

荷米斯是個戰略家，他的孩子們也都個性獨特。

赫馬芙蘿狄特斯
他是個美少年，母親是美神阿芙羅黛蒂。他和泉之精靈薩爾瑪西斯合為一體，擁有乳房和陰莖兩種性徵。

奧托里庫斯
母親是凡人女子齊雍妮。他和荷米斯一樣，是個高明的竊賊與騙子；不過，他的偷竊伎倆被科林斯創建者薛西弗斯識破了。他也是英雄奧德修斯（P.138）的祖父。

潘恩
羊群與山羊之神，母親是德呂奧普斯的女兒潘妮羅珀。他頭上長著山羊蹄與小小的犄角。生性好色，老是糾纏寧芙。

總是帶著笛子。

典故由來

恐慌
由於潘恩會突然出現，所以他的名字成為英語「恐慌」（Panic）的語源。

049

赫費斯托斯

缺少美貌加持的鍛造之神

希臘眾神中，他的容貌特別醜陋。有人說他是宙斯和赫拉的兒子，也有人說他是赫拉自己生的。

一般認為他原本是火神，後來被奉為鍛造之神與手工藝匠的守護神，相當於羅馬神話的火神霍爾坎。妻子是美之女神阿芙羅黛蒂（P.40），不過他們婚姻失和。

利姆諾斯島
愛琴海
埃特納火山
西西里島
雅典

他可能是誕生自活火山的火神。從愛琴海北部的利姆諾斯火山，到埃特納火山所在的西西里島，這片火山區都是他的信仰分布地區。

屬性
鍛造工具

古希臘人習慣在火爐附近放置赫費斯托斯的小雕像。雕像是手持鍛造工具的強壯中年男子形象，蓄鬍，戴著小帽子。

典故由來

火山
被認為相當於赫費斯托斯的羅馬火神霍爾坎（Vulcanus），是英語「火山」（Volcano）的語源。

眾所周知他是阿芙羅黛蒂的丈夫，但也有他和其他女性結婚的傳說。

據說生來就不良於行。

【父】宙斯 【母】赫拉 【兄弟姊妹】阿波羅、阿特蜜斯、雅典娜、荷米斯 等
【子】帕萊蒙、貝利菲特斯、伊利克托尼俄斯 等

050

正宮的長子，悲慘的身世

身為最高神宙斯正宮赫拉的長子，卻因為長得太醜，沒得到一丁點母愛，被丟下凡間棄之不顧。

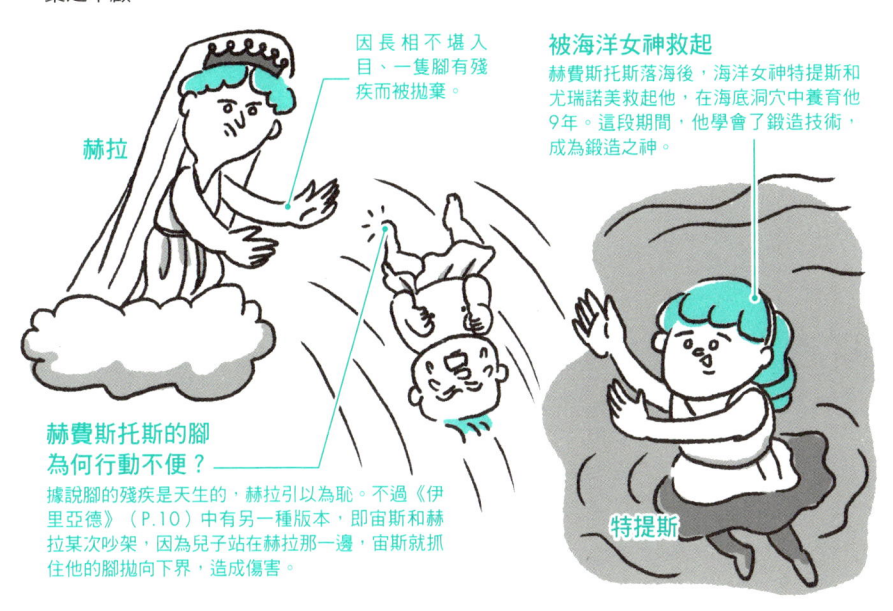

赫拉

因長相不堪入目、一隻腳有殘疾而被拋棄。

被海洋女神救起
赫費斯托斯落海後，海洋女神特提斯和尤瑞諾美救起他，在海底洞穴中養育他9年。這段期間，他學會了鍛造技術，成為鍛造之神。

特提斯

赫費斯托斯的腳為何行動不便？
據說腳的殘疾是天生的，赫拉引以為恥。不過《伊里亞德》（P.10）中有另一種版本，即宙斯和赫拉某次吵架，因為兒子站在赫拉那一邊，宙斯就抓住他的腳拋向下界，造成傷害。

工藝之神的得意之作

鍛造之神赫費斯托斯擁有魔法般的鍛造技術，為眾神和英雄們製造了武器、家具、飾品、宮殿等五花八門的東西。

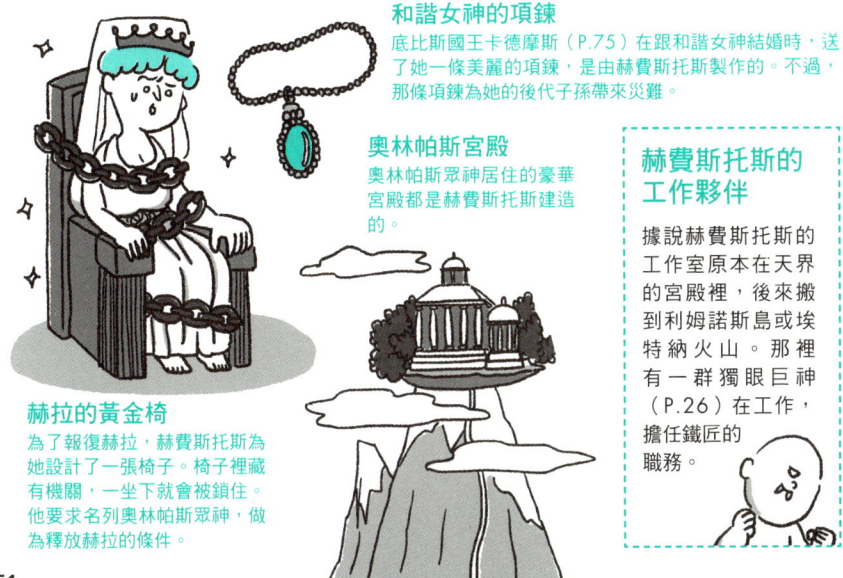

和諧女神的項鍊
底比斯國王卡德摩斯（P.75）在跟和諧女神結婚時，送了她一條美麗的項鍊，是由赫費斯托斯製作的。不過，那條項鍊為她的後代子孫帶來災難。

奧林帕斯宮殿
奧林帕斯眾神居住的豪華宮殿都是赫費斯托斯建造的。

赫拉的黃金椅
為了報復赫拉，赫費斯托斯為她設計了一張椅子。椅子裡藏有機關，一坐下就會被鎖住。他要求名列奧林帕斯眾神，做為釋放赫拉的條件。

赫費斯托斯的工作夥伴
據說赫費斯托斯的工作室原本在天界的宮殿裡，後來搬到利姆諾斯島或埃特納火山。那裡有一群獨眼巨神（P.26）在工作，擔任鐵匠的職務。

051

阿瑞斯

血氣方剛的戰神

一般認為阿瑞斯的發源地在巴爾幹半島的色雷斯。或許是因為希臘和色雷斯的對立關係，使希臘人對阿瑞斯產生反感。阿瑞斯把女兒嫁到底比斯，在那裡他備受尊崇。

（地圖：色雷斯、愛琴海、底比斯）

宙斯與赫拉所生的戰神，相當於羅馬神話的戰神馬爾斯。馬爾斯被尊為羅馬開國者羅穆盧斯的父親，廣受崇拜；希臘神話中的阿瑞斯卻惡名昭彰。他似乎因為個性殘忍，酷好在戰場上流血廝殺，從宙斯以下，眾神都對他敬而遠之。他和阿芙羅黛蒂搞婚外情，兩人育有多名子女。

隨從
雙胞胎兒子伏布斯（恐怖）和得摩斯（恐懼）常伴隨身邊。

- 人們想像中的阿瑞斯是個充滿活力的美少年。
- 另一種說法是，阿芙羅黛蒂因為和丈夫赫費斯托斯之間沒有孩子，就把阿瑞斯當丈夫。
- 有一說指出，愛神艾若斯也是阿瑞斯和阿芙羅黛蒂的孩子。
- 同樣都是戰神，雅典娜（P.38）是智慧的象徵，得到其他神的尊敬；阿瑞斯則被視為無賴，惹人嫌。

屬性
矛與盾

【父】宙斯 【母】赫拉 【兄弟姊妹】赫費斯托斯、雅典娜、荷米斯 等
【子】伏布斯、得摩斯、和諧女神、阿爾基佩、埃斯卡拉弗斯

戰神的戰勝率很低
阿瑞斯雖是戰神，但實際上，在交戰的場合，他幾乎沒贏過。

阿瑞斯 VS 雅典娜（P.38）
阿瑞斯和戰神雅典娜交惡，曾多次對戰；但因戰術不如人而全盤皆輸。特洛伊戰爭時，他曾對雅典娜的胸膛投擲長矛，卻反而被石頭擊中，敗下陣來。

阿瑞斯 VS 赫拉克勒斯（P.80）
阿瑞斯在兒子庫克諾斯和赫拉克勒斯對決時，曾試圖支援；但赫拉克勒斯因為有雅典娜的幫助，殺了庫克諾斯，也傷了阿瑞斯的大腿。

阿瑞斯 VS 阿洛艾迪
阿瑞斯曾和孿生巨人阿洛艾迪對戰，結果被捉住，關在青銅罐裡13個月，後來被荷米斯救出。

為女兒打官司獲得勝訴
波賽頓的兒子哈利羅提奧斯性侵阿瑞斯的女兒阿爾基佩，阿瑞斯將他毆打致死，被控殺人罪，最終獲判無罪。

亞略巴古至今依然存在
阿瑞斯受審的地點「亞略巴古」（意思是「阿瑞斯之丘」）至今仍然存在，是當地名勝，從山上可以眺望雅典娜的帕德嫩神殿。

● 底比斯

● 亞略巴古（雅典）

希臘神話中最大的婚外情事件公諸於眾
阿瑞斯多次和赫費斯托斯的老婆阿芙羅黛蒂幽會，因為赫利歐斯（P.23）告密，兩人在床上一絲不掛抱在一起時，被捉個正著。

網子揭開後，阿瑞斯就逃往色雷斯。

一群看熱鬧的男神在旁冷嘲熱諷，但其中也有人羨慕阿瑞斯能抱到女神。

阿芙蘿黛蒂

阿瑞斯

赫費斯托斯

床上方掉下一張透明的網，兩人被困住，動彈不得。

為了報復，赫費斯托斯召集眾神前來，讓他們瞧瞧自己的妻子和情夫丟臉的德行。

黛美特

溺愛女兒的豐收女神

雅典郊外的依琉西斯建有黛美特神殿，成為黛美特的信仰中心，每年秋天都會舉行依琉西斯儀式，慶祝女兒波瑟芬妮重回黛美特身邊。

典故由來

穀物
羅馬神話中的女神柯瑞絲（Ceres）被認為等於黛美特，她的名字是「穀物」（Cereal）的語源。

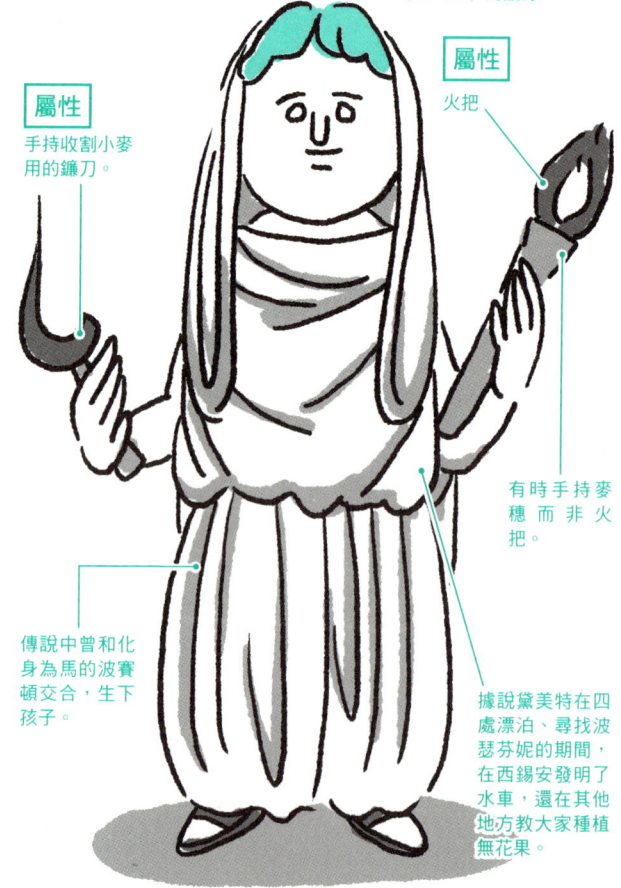

黛美特名字的含意是「大地母親」。傳說中，她擁有使作物成長與復活的神祕力量；尤其在小麥產區，被奉為農業女神。雖是奧林帕斯12神之一，但她喜歡在人間生活，大部分的時間她住在雅典郊外的依琉西斯。她和宙斯生了一個女兒波瑟芬妮，但被冥王黑帝斯擄走（P.59）。

屬性
手持收割小麥用的鐮刀。

屬性
火把

有時手持麥穗而非火把。

傳說中曾和化身為馬的波賽頓交合，生下孩子。

據說黛美特在四處漂泊、尋找波瑟芬妮的期間，在西錫安發明了水車，還在其他地方教大家種植無花果。

【父】克羅納斯　【母】瑞亞　【兄弟姊妹】宙斯、波賽頓、黑帝斯、赫拉
【子】波瑟芬妮、德斯波伊納、阿里翁、普魯托斯

054

赫斯提亞

低調的爐灶女神

在希臘的家庭中，赫斯提亞廣受崇拜。希臘各都市都建有名為「市政廳」的會議廳，中央的大會場不斷燃燒著獻給赫斯提亞的聖火。

●雅典

圖像作品極少，其中有些是戴著頭罩的形象。

名列奧林帕斯12神之一，但有時她的名字會換成戴奧尼索斯的名字。有關赫斯提亞的神話寥寥無幾。

其他神在世界各處遨遊，赫斯提亞則守著家庭，不離開爐灶。

爐

灶與爐火是每個家庭的中心。赫斯提亞是爐灶女神，守護爐灶，不讓爐火熄滅。她被視為爐灶本身，所以神話中很少提到她，在眾神中並不起眼。相當於羅馬神話的女神維斯塔。

她是守貞的處女神，拒絕了波賽頓和阿波羅的求婚，對宙斯發誓要守身如玉。爐灶是獻供的地方，所以獻給眾神的供品會先由赫斯提亞享用。

典故由來

奧運聖火
古希臘人相信有火的地方就有赫斯提亞，城市就會和平而幸福；奧運的聖火傳遞儀式就是來自這個概念。

【父】克羅納斯 【母】瑞亞 【兄弟姊妹】宙斯、波賽頓、黑帝斯、赫拉、黛美特 【子】無

055

吸引狂熱信徒的酒神 戴奧尼索斯

戴奧尼索斯的信仰遍及全希臘，各地都會舉辦酒神節，雅典衛城（山丘上的堡壘）的山坡下至今仍保留了戴奧尼索斯劇場。

戴奧尼索斯劇場
雅典

屬性　被稱為「康塔羅斯」的葡萄酒杯。

通常戴著葡萄藤與葡萄葉編成的冠冕。

屬性　酒神權杖，名為「常春杖」。杖上纏繞著葡萄蔓、葡萄葉及常春藤，頂端裝飾著松果。

隨從　身邊通常帶著薩提爾，傳說中是一種森林精靈，有山羊的耳朵、腳和尾巴。

戴奧尼索斯是豐收之神、酒神，也是戲劇之神。他是宙斯和底比斯公主瑟美莉的兒子，母親被赫拉設計而死（P.33），當時戴奧尼索斯還在母親肚子裡，宙斯將胎兒縫在自己的大腿裡，孕育到足月才出生。為逃過赫拉的監視，宙斯將他交由寧芙撫養。長大後他的身邊聚集了狂熱的信徒。另外，他還前往冥界救出死去的母親。

【父】宙斯　【母】瑟美莉　【兄弟姊妹】雅典娜、阿波羅、阿特蜜斯、荷米斯 等
【子】托阿斯、奧諾皮歐、斯塔菲羅斯、佩帕瑞托斯、普里阿普斯 等

056

熬過赫拉的迫害，升格為奧林帕斯12神

在赫拉的迫害之下瞞天過海、死裡逃生的戴奧尼索斯，由寧芙撫養長大，學會了栽種葡萄和釀葡萄酒，並宣揚自己的神性。

→ 逼瘋赫拉

赫拉對戴奧尼索斯懷恨在心，因為他是丈夫宙斯情婦的兒子。於是，赫拉讓他發狂，在埃及、敘利亞四處流浪。

經過一番顛沛流離，最後才在弗里吉亞被女神瑞亞所淨化。

鬧哄哄的追隨者們

戴奧尼索斯身邊總圍繞著大批追隨者，一起鬧到天翻地覆。

美娜德斯

女性追隨者稱為「美娜德」（複數為美娜德斯）。她們喝酒，極度歡欣並瘋狂舞動，成群結隊走進山野，殺死動物，直接吃生肉。

西勒努斯、薩提爾、潘恩

男性追隨者。薩提爾和西勒努斯是森林精靈，長著山羊耳朵、腳和尾巴。西勒努斯通常被描繪成大腹便便的老人。半人半羊的潘恩（P.49）有時也會跟隨。

為了傳教，連親戚都殺

戴奧尼索斯來到母親的故鄉底比斯時，因為信徒的狂熱行為，國王彭透斯禁止他們參加活動。戴奧尼索斯非常生氣，就讓以國王母親阿嘉薇為首的信徒們陷入瘋狂，殺死國王。彭透斯是他的表兄弟，阿嘉薇則是他的阿姨。

典故由來 ### 尼采解讀的兩種精神

尼采提出戴奧尼索斯與阿波羅的對立概念，用來說明其藝術理論中的兩種類型。

戴奧尼索斯
- 具有酒醉、瘋狂等特性。
- 打破形式、感情用事、強而有力、粗暴；傾向本能、多變。
- 偏好的藝術：激情、破壞性、野性、沉醉恍惚、歡樂、進入忘我境界的類型。
- 偏好的音樂：熱鬧的舞曲。

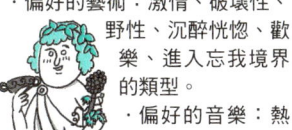

尼采（1844-1900）
德國哲學家，被視為生命哲學的先驅。

阿波羅
- 具有冷靜、自制等特性。
- 重視形式美與秩序、條理分明；注重和諧，傾向理性、平穩。
- 偏好的藝術：有秩序、平衡、和諧；理智、靜觀、具獨特性。
- 偏好的音樂：莊重、高雅的音樂。

令人恐懼的冥界之神

黑帝斯

一般認為冥界位於世界最西邊，在很遠很遠的地方；另外，大家也認為它在地下，所以有人猜測它的入口可能是希臘各地的幽深洞穴，如斯巴達附近馬塔潘角的洞窟。

地圖：雅典、馬塔潘角、地中海

屬性：權杖

即使在祭祀時，人們也不敢直呼其本名，而以別稱代替。

通常被描繪為黑髮、黑鬍的中年人，容貌和宙斯極相似。

黑　帝斯是死後的世界——冥界的統治者。由於他常年待在冥界，無法參與眾神的集會，所以不在奧林帕斯12神之列。雖然死亡不是由他帶來的，但人們還是很怕他；因為太害怕而不敢直呼其名，所以有了各種代號。例如，因為他迎接眾多亡者，人們也稱他為「波立德蒙」（意思是迎接許多客人的人）；又因為他擁有地下埋藏的金銀，而有了「普魯托」（富人之意）這個稱呼。

他是維護冥界秩序的神，端坐在冥界寶座上。

他也是地下之神，使植物從土地裡發芽。

聖獸　身邊有一隻可怕的看門狗柯柏魯斯，牠有3個頭和1條蛇尾巴，身上長了許多蛇。

【父】克羅納斯　【母】瑞亞　【兄弟姊妹】宙斯、波賽頓、赫斯提亞、赫拉、黛美特
【子】無

強迫戀愛？波瑟芬妮強擄事件

黑帝斯擄走美少女波瑟芬妮，強迫她做自己的妻子；波瑟芬妮是他的姪女，當時正在西西里島摘水仙花。

典故由來

宙斯為了幫助黑帝斯實現與波瑟芬妮結婚的願望，給了黑帝斯引誘波瑟芬妮的機會；但黛美特（豐收之神）的悲傷使農作物停止生長，宙斯最後還是介入協調，讓波瑟芬妮回去。

季節的產生

波瑟芬妮在地上與冥界輪流生活，季節因此而出現。

1年中，波瑟芬妮有1/3的時間在冥界度過。這段期間，她的母親黛美特（農業之神）因為看不到女兒，而悶悶不樂，停止活動，大地成了不毛之地，也就是冬天。

冬

春・夏

1年中，波瑟芬妮有2/3的時間在地上和母親黛美特在一起。這段期間，黛美特恢復精神，勤奮工作，作物因此蓬勃生長，也就是春天與夏天。

黛美特

傳說中強擄的舞台在西西里島。

宙斯

波瑟芬妮

駕著黑馬所拉的戰車從冥界出現。

波瑟芬妮雖然因為宙斯的斡旋而回到地上，但她已經吃了幾顆冥界的石榴。依照規定，吃過冥界的食物就無法重返陽世，所以她每年有1/3，也就是4個月的時間必須待在冥界。

典故由來

黃色水仙的花語

黃色水仙的花語是「回到我身邊」，源自母親黛美特的思念。

冥界之王並非死神

帶給人類死亡的並不是黑帝斯本人，而是死亡的擬人神塔納托斯。當人類陽壽已盡，塔納托斯就會出現在他身體下方，和兄弟伊普諾斯一起運走他的遺體。

塔納托斯

身穿黑衣，長著黑色翅膀，手上拿著刀。他用刀割斷死者的頭髮，帶來死亡。

黑帝斯在冥界等候死者的靈魂，但他不會帶來死亡。

伊普諾斯

塔納托斯的兄弟，睡眠的擬人神，有時會和塔納托斯一起搬運死者的遺體。

冥界及其住民

冥界是迎接死者靈魂的地方，那裡有一條大河，死者過了河、通過入口，就有審判在眼前等待。

冥界入口
希臘各地的幽深洞穴被認為是通往冥界的入口。

卡榮
進了入口，就要付渡船費給名叫卡榮的老船夫，然後上船。沒渡船費的人不能搭船，就得四處漂泊200年。

阿刻戎河
相傳冥界有5條河，最先出現的是被稱為「悲傷之河」的阿刻戎河，它像湖泊一樣寬廣。

荷米斯（P.48）
荷米斯能夠自由進出人間與冥界，死者的靈魂由他引導進入冥界。

冥界

看門狗柯柏魯斯
威嚇試圖離開冥界的人，絕不讓他們逃出去。

波瑟芬妮

艾亞哥斯
艾亞哥斯是宙斯與寧芙愛琴娜的兒子、愛琴娜島的國王，死後奉宙斯之命擔任冥界審判官。

拉達曼迪斯
宙斯與歐羅芭的兒子、米諾斯的兄弟，死後跟米諾斯一樣成為冥界的審判官。

黑帝斯

米諾斯
宙斯與歐羅芭的兒子、克里特島國王。被工匠戴達洛斯殺死後，成為冥界的審判官。

黑帝斯的宅邸

斯提克斯河
被稱為「憎惡之河」，繞著冥界周圍7圈。渡過斯提克斯河就到達冥界。

接受審判的死者

※冥界的位置關係有各種不同說法，此圖僅為示意圖。

060

至福樂土（樂園）

生前善良的人會被送到至福樂土。那是個美麗的天堂，總是演奏著音樂，還有豐富美味的飲食，英雄、賢者、詩人、音樂家等齊聚一堂。

香榭麗舍大道

香榭麗舍大道（Avenue des Champs-Élysées）是法國街道的名稱，即「至福樂土」的法文翻譯。

典故由來

塔爾塔茹斯（大地最底處）

生前罪孽深重者會被推落到冥界的角落，一個稱為「塔爾塔茹斯」的地方，在那裡被處以極度艱苦的勞役刑罰，贖生前的罪。

白楊樹

黑帝斯把奧西安的女兒瑠克帶到冥界，但她已死去。黑帝斯就把她變成白楊樹，種在至福樂土的原野。

薛西弗斯

他暗中告訴河神艾索伯，拐走他女兒的人是宙斯。宙斯知道後大怒，將他推落到塔爾塔茹斯，罰他將滾下陡坡的石頭一次又一次推上坡頂，永無止境。

伊克西翁（P.37）

他到天界時，意圖侵犯宙斯的正宮赫拉，於是被送往塔爾塔茹斯接受苦刑。他的手腳被綁在車輪上，車輪點了火，他就隨著燃燒的車輪不停轉動。

譚塔洛斯（P.113）

譚塔洛斯殺死自己的兒子伯羅普斯，想當成菜餚獻給眾神。他受的酷刑是泡在水裡，但水淹到脖子仍喝不到水；也吃不到頭上的果實，時時處於飢餓中。

譚塔洛斯的磨難

譚塔洛斯是英語動詞「Tantalize」的由來，意思是「逗弄、折磨」。

典故由來

061

其他諸神

除了奧林帕斯12神之外，還有許多神在希臘神話裡扮演重要角色。

愛神的愛情故事
艾若斯與賽姬

典故由來

心理學、靈魂、蝴蝶
在古希臘語中，賽姬（Psyche）是蝴蝶、靈魂的意思（靈魂以蝴蝶形象出現），也是「Psychology」（心理學）的語源。

因為阿波羅的神諭，美到沒人敢求婚的賽姬公主被父母遺棄在岩石山上。結果吹來一陣風，把她送到一座宏偉的宮殿。在那裡，每天晚上會出現一名男子，讓她感覺被愛、被幸福包圍著。但是，當她看到那人的真面目是艾若斯時，艾若斯就飛走了。賽姬追隨在後，經過了嚴格的考驗，兩人終於結為連理。

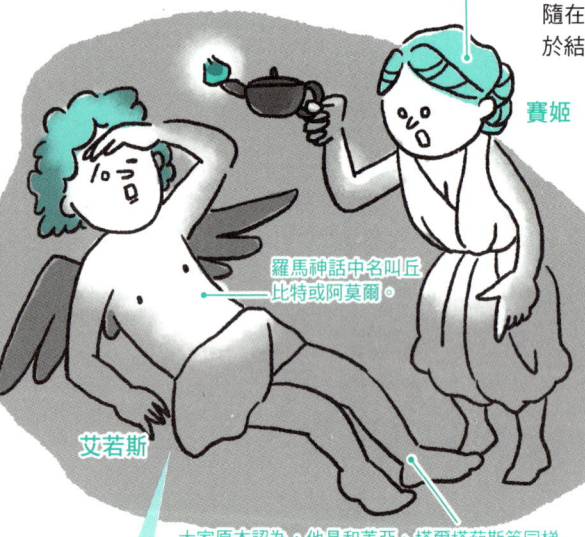

賽姬

羅馬神話中名叫丘比特或阿莫爾。

艾若斯

大家原本認為他是和蓋亞、塔爾塔茹斯等同梯的古老神祇，在世界創始時從卡俄斯誕生；但到了西元前5世紀，大家開始說他是阿芙蘿黛蒂的兒子，父親則是阿瑞斯。

賽姬的試煉與結局

在尋找艾若斯的過程中，阿芙羅黛蒂給了賽姬以下考驗：

❶ 把一堆不同種類混雜在一起的穀物分開
❷ 從凶猛的羊身上取下金羊毛
❸ 在惡龍盤據之處取泉水
❹ 取得冥界的「美麗之盒」
❺ 獲眾神邀請
❻ 兩人生下孩子

這段戀情的緣起……

這段戀情起於阿芙羅黛蒂嫉妒賽姬的美貌，就指使兒子艾若斯對賽姬射出愛情之箭，讓她跟醜男結婚。不料，艾若斯的箭射到自己的手指。

艾若斯形象的變化

艾若斯原本被描繪為強壯的美少年，但從希臘化時期開始，他就被畫成長著翅膀的可愛嬰兒，後來大家又認為他等於基督教的天使。

阿芙蘿黛蒂

九位藝術女神
繆斯

繆斯是9位掌管藝術與和平的女神，是宙斯和記憶女神敏莫絲妮共度9夜生下的孩子，會在藝術家身下出現，給予靈感。

典故由來

繆斯
繆斯的英語「Muse」是「Museum」（博物館）和「Music」（音樂）的語源。

卡萊雅碧
卡萊雅碧是美聲女子之意，守護敘事詩。和阿波羅生了奧菲斯、里諾兩個孩子。

克萊歐
克萊歐有表彰、稱頌的意思，掌管歷史，和凡人庇厄洛斯生下雅辛托斯。

尤特碧
尤特碧意思是喜悅的女子，守護敘事詩。

陶麗雅
陶麗雅意思是節慶的女子，專司喜劇。

梅波繆妮
梅波繆妮的意思是歌唱的女子，掌管悲劇。

托西克麗
托西克麗意思是跳舞的女子，管理合唱曲或舞蹈。

尤蕾妮亞
尤蕾妮亞意思是天上的女子，負責天文學。

埃瑞朵
埃瑞朵意思是呼喚憧憬的女子，守護獨唱曲。

波麗西米亞
波麗西米亞是多首歌曲之意，負責頌歌。

克洛莎
克洛莎是編織命運之線的女子，紡出象徵人類壽命的命運之線（羊毛）。

雅托普絲
雅托普絲是剪斷命運之線的女子，會用大剪刀剪斷命運之線，為生命長度畫下句點。

決定人類壽命的女神
莫拉娥

莫拉娥是3位編織命運之線的女神，可能是倪克斯（黑夜）的女兒，也可能是宙斯和法律女神提密斯的女兒。她們所決定的人類命運（壽命），連宙斯也無法違抗。

拉綺絲
拉綺絲是分配命運的女子，會測量線的長度，據此分配壽命的長短。

也有人說他是泰風和厄克德娜（P.121）的兒子。宙斯派他去啄食普羅米修斯的肝臟，肝臟隔日會再生，普羅米修斯就會再次遭襲，永無休止。

鷲

Pro（預先）＋ metheus（思考者）的預言

- 對宙斯預言，如果他跟女神特提斯結婚，生下的孩子會威脅到他的地位
- 對弟弟伊比米修斯預言，要小心眾神贈送的禮物
- 對兒子琉克里翁預言大洪水將至，要先造方舟

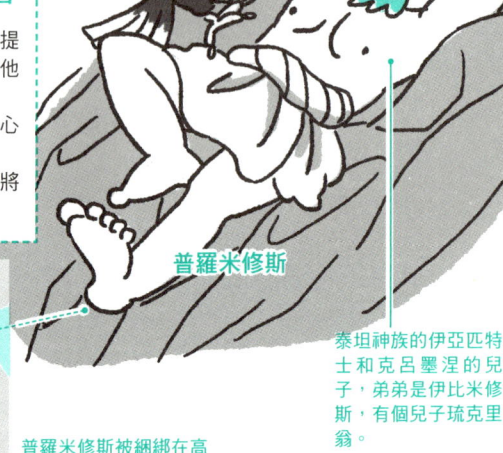

普羅米修斯

泰坦神族的伊亞匹特士和克呂墨涅的兒子，弟弟是伊比米修斯，有個兒子琉克里翁。

高加索山 / 黑海 / 希臘 / 土耳其

普羅米修斯被綑綁在高加索山頂。

白銀時代
普羅米修斯與人類
不惜代價幫助人類

登場人物
- 普羅米修斯
- 宙斯

普羅米修斯能預知未來，泰坦之戰（P.26）時站在宙斯的陣營，因為他相信宙斯終將得勝。也有人說，人類是他依照神的形象，用大地的水和泥土創造出來的。

他常與人類站在一起，在決定如何分配祭品獸肉給神和人類時，他為了維護人類而欺騙宙斯。宙斯為此大怒，奪走了火，不讓人類使用。普羅米修斯就潛入技術之神赫費斯托斯的工作室，偷走火種交給人類。從此人類擁有了火，發展出文明。

因為他一味挺人類，宙斯把他綁在高加索山，讓鷲啄食他的肝臟，做為懲罰。肝臟隔天會再生，鷲便再次來襲，日復一日；直到數百年後，英雄赫拉克勒斯救了他為止。

064

1 分配獸肉份額時欺騙宙斯

在決定神和人類之間該如何分配祭品獸肉時，普羅米修斯把切下的牛肉和內臟包在胃袋裡，並用脂肪含量多的肥肉包覆骨頭，讓宙斯完全上當，選了由肥肉包裹、看似美味的骨頭。

- 選擇了用肥肉裹住，看似美味的骨頭。
- **宙斯**
- 骨頭外面包著肥肉，看起來很好吃。
- 肉和內臟外面包著胃袋，看起來很難吃。

善良？狡猾？普羅米修斯的不同形象

賀希歐筆下的普羅米修斯

西元前8世紀末的詩人賀希歐（P.10）認為，普羅米修斯為了人類欺騙宙斯，是狡詐的搗蛋鬼。

埃斯奇勒斯筆下的普羅米修斯

西元前5世紀的悲劇詩人埃斯奇勒斯（P.11）認為，普羅米修斯面對宙斯這樣的暴君仍不屈不撓，是人類的創造者與救世主。

私自把火交給人類

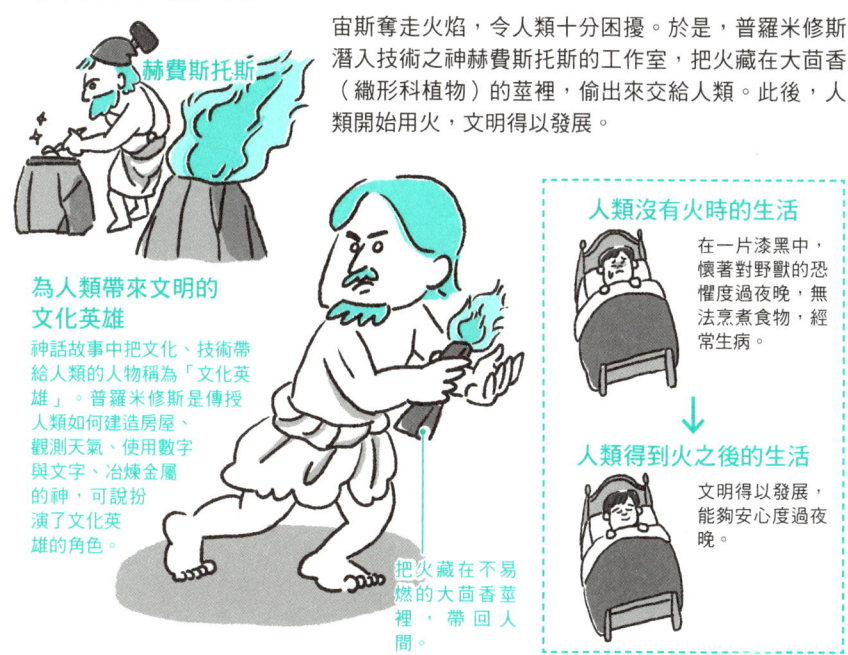

宙斯奪走火焰，令人類十分困擾。於是，普羅米修斯潛入技術之神赫費斯托斯的工作室，把火藏在大茴香（繖形科植物）的莖裡，偷出來交給人類。此後，人類開始用火，文明得以發展。

赫費斯托斯

為人類帶來文明的文化英雄

神話故事中把文化、技術帶給人類的人物稱為「文化英雄」。普羅米修斯是傳授人類如何建造房屋、觀測天氣、使用數字與文字、冶煉金屬的神，可說扮演了文化英雄的角色。

把火藏在不易燃的大茴香莖裡，帶回人間。

人類沒有火時的生活

在一片漆黑中，懷著對野獸的恐懼過夜晚，無法烹煮食物，經常生病。

↓

人類得到火之後的生活

文明得以發展，能夠安心度過夜晚。

白銀時代

宙斯的憎惡
人類的災厄

登場人物
- 伊比米修斯
- 潘朵拉
- 琉克里翁
- 皮拉

宙斯命赫費斯托斯打造第1個女性人類——潘朵拉，把她送給普羅米修斯的弟弟伊比米修斯。雖然哥哥曾警告過伊比米修斯，不要收宙斯的禮物，但潘朵拉實在太美，伊比米修斯還是娶了她為妻。

潘朵拉打開了眾神交給她的禁忌之盒（神話中是甕），盒中封印的悲傷、疾病、痛苦等災難傾巢而出，擴散到全世界。此後，人類就受到這些災難的煎熬，只有希望留在盒中。

宙斯還引發大洪水，想消滅全人類。普羅米修斯的兒子琉克里翁因為父親的警告，知道即將發生大水災，事先準備好方舟，和妻子皮拉搭乘上去，才倖免於難。除了他們以外，所有人類都滅亡了。劫後餘生之後，這對夫妻又使新一代的人類誕生。

宙斯：引發大洪水，想要消滅墮落的人類，創造新種族。

琉克里翁是普羅米修斯的兒子，他的妻子皮拉是伊比米修斯和潘朵拉的女兒，兩人乘著方舟在水上漂流。

洪水持續了9天9夜。

琉克里翁因為父親普羅米修斯的警告，知道大洪水即將來臨，事先造好方舟。

各地的洪水傳說
各地都有洪水傳說。其中最有名的《舊約聖經》之諾亞方舟，據說源自美索不達米亞神話的《吉爾伽美什敘事詩》。

地圖標示：希臘、地中海、美索不達米亞神話發祥地、舊約聖經發祥地

066

第1個女性人類潘朵拉帶來的災難

宙斯把第1個女性人類——潘朵拉送到伊比米修斯身邊。潘朵拉因好奇而打開眾神贈送的禁忌之盒，將折磨人類的各種災難散布到全世界。

為了報復普羅米修斯帶火給人類，派來一名美麗的人類女子。

宙斯

荷米斯

奉宙斯之命送達潘朵拉，教會她偷竊與說謊。

潘朵拉
名字的含意是「集所有神的禮物於一身」。

伊比米修斯

最後只留下希望。

各種災難四散紛飛
- 疾病　・貧困
- 飢餓　・戰爭
- 嫉妒　・效力

典故由來 — 潘朵拉的盒子
因為潘朵拉打開禁忌之盒（神話中是甕）的典故，我們把為防患未然而應事先封印的禍源稱為「潘朵拉的盒子」。

Epi（之後）＋metheus（思考者）
伊比米修斯這個名字的意思是「後知後覺者」，哥哥普羅米修斯的名字則是「先知先覺者」。

人類是什麼時候出現的？

人類是什麼時候，以什麼方式產生的呢？答案眾說紛紜。有人說是普羅米修斯用泥土和水創造的，也有人說是宙斯創造的。

英雄時代的人類……
洪水退後，唯一倖存的琉克里翁和皮拉將石頭向後丟過肩，石頭分別化為男人與女人，成為英雄時代人類的祖先。

普羅米修斯

❶ 人類由普羅米修斯創造
普羅米修斯用水和泥土創造人類，並賦予他們其他動物擁有的一切能力。

❷ 人類由宙斯創造
《神譜》記載宙斯於青銅時代創造人類。

❸ 人類由大地自然產生
人類與神的起源相同，都是由大地自然產生的。

1　天地創始～眾神的世界與人類的誕生

希臘神話裡的花絮

希臘神話裡的神都很有個性。
除了前面提到的，我想再補充一些關於諸神的小故事。

被變成牛的少女：愛奧

美麗的愛奧是河神伊那科斯的女兒。宙斯跟她暗通款曲，為避開妻子赫拉的耳目，宙斯把她變成一隻小母牛。不過赫拉還是發現了，她把母牛搶走，派百眼怪物阿格斯看守。宙斯派荷米斯前去，制服了阿格斯，放出愛奧。可是，赫拉又派出一隻牛虻纏著愛奧，愛奧逃遍世界各地也躲不過，最後來到埃及。

因為嫉妒，派出阿格斯和牛虻。 — 赫拉

全身上下有100隻眼睛的怪物。

讓阿格斯睡著，再趁機打倒他。

被變成牛的愛奧。

愛奧四處逃避牛虻的追趕，越過歐洲，來到亞洲，最後落腳埃及，才變回人形。

伊斯坦堡海峽、高加索山脈、黑海、亞德里亞海、北馬其頓、賽普勒斯島、阿古斯、愛奧尼亞海、埃及

阿格斯　荷米斯

納西瑟斯與愛珂

寧芙愛珂傾心於絕世美少年納西瑟斯，但因得罪了赫拉，使她受到懲罰，只能重複別人說的話，這使納西瑟斯對她敬而遠之。於是愛珂愈來愈憔悴，最後消失了身影，獨留聲音在世間迴盪。納西瑟斯則是某一天看見映照在泉水水面的美少年，但沒察覺到那其實是自己。於是他愛上自己的倒影，日日凝視著，到了廢寢忘食的地步，最終衰弱而死。

典故由來　自戀
心理學家佛洛伊德引用納西瑟斯的名字，用「Narcissism」來表示自戀與自我陶醉。

愛珂　納西瑟斯

典故由來　回聲
愛珂是英語「Echo」（回聲）的語源。

068

天空三兄妹的戀情
塞勒涅與恩迪米翁

月亮女神塞勒涅（P.23）與英俊的年輕牧羊人恩迪米翁陷入愛河，但她擔心恩迪米翁終有一死。她讓恩迪米翁躺在拉特摩斯山的洞穴裡，祈求宙斯讓他永遠沉睡，以保長生不老。此後，每晚塞勒涅都會從天而降，親吻呼呼大睡的恩迪米翁。

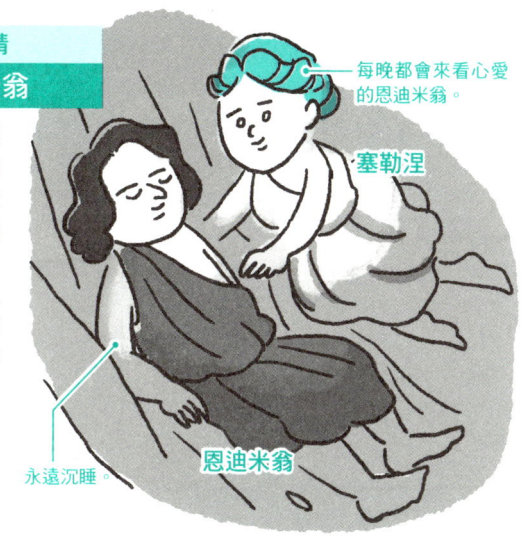

每晚都會來看心愛的恩迪米翁。
塞勒涅
永遠沉睡。
恩迪米翁

天空三兄妹的戀情
伊爾絲與提托諾斯

黎明女神伊爾絲（P.23）愛上特洛伊的英俊王子提托諾斯。她祈求宙斯賜他永生，卻忘了祈求不老。於是，提托諾斯漸漸衰老，最後只剩下聲音，伊爾絲就把他變成了蟬。

天空三兄妹的戀情
赫利歐斯與科麗提亞

寧芙科麗提亞與太陽神赫利歐斯（P.23）是一對情侶，但太陽神很快就移情別戀。科麗提亞百般阻撓太陽神的新戀情，結果招來怨恨。科麗提亞悲傷不已，最終化為花朵，至今依然凝視著太陽。

典故由來 — 向日葵
科麗提亞變成的花據說是向日葵或天芥菜，因為它們總朝著太陽的方向綻放。不過這兩種植物都產自美洲大陸，這種說法恐怕是後人穿鑿附會。

被變成蜘蛛的阿拉克妮

阿拉克妮認為自己的紡織技藝不輸女神雅典娜，便和女神一較長短。阿拉克妮織出的成品美輪美奐，令女神勃然大怒，把她變成一隻大蜘蛛，讓她一輩子織個不停。

典故由來 — 蜘蛛
英語「Arachnida」（蛛形綱動物）源自阿拉克妮的神話故事。

從天空墜落的太陽神之子：法厄同

赫利歐斯有個兒子，名叫法厄同。他拜訪赫利歐斯的宮殿，懇求駕駛父親的戰車。赫利歐斯在無奈之下允許，結果戰車失控，橫衝直撞。宙斯見狀便投出雷電摧毀戰車，法厄同從天墜地，一命嗚呼。

典故由來 — 琥珀
法厄同的姊妹聽聞噩耗，悲痛欲絕，最終化為白楊樹。傳說中，琥珀是她們的眼淚凝結而成的。

世界神話與希臘神話

古希臘與埃及、美索不達米亞等當時的先進文化圈頻繁交流，所以在希臘神話的形成過程中，和這些地區的神話應該也有交互影響之處。例如，我們可以在美索不達米亞神話中看到希臘洪水神話（P.66）的原型；在奧菲斯下冥界的神話中（P.112），也可發現與遠方的日本神話如出一轍。

西臺神話
（發祥地：土耳其）

西臺流傳的庫瑪爾比神話描述了安努神、庫瑪爾比神、天氣之神政權交替的情節，和希臘神話中烏拉諾斯、克羅納斯、宙斯的政權交替若合符節（P.26）。

美索不達米亞神話
（發祥地：土耳其、伊拉克等）

美索不達米亞《吉爾伽美什敘事詩》中的洪水神話影響了希臘神話與《舊約聖經》。

日本神話
（發祥地：日本）

雖未受希臘神話的直接影響，日本神話中仍有類似奧菲斯下冥界的故事；伊邪那岐下黃泉，想把伊邪那美帶回人間，但跟奧菲斯一樣以失敗告終。

埃及神話
（發祥地：埃及）

埃及的斯芬克斯是獅身人面像，象徵強大的王權；但傳入希臘後，變成女性形象，有了美麗的臉龐和乳房（P.108）。

舊約聖經
（發祥地：以色列）

潘朵拉的神話（P.67）與舊約《創世紀》中亞當、夏娃被逐出伊甸園的故事有類似之處。女性被創造出來之後，人類開始面對養育子孫、勞動、變老、死亡等課題。

印度神話
（發祥地：印度）

印度的洪水神話中也有類似希臘神話的描述（P.66）；英雄摩奴也是坐在自己建造的大船上，在洪水中逃生，後來成為人類的祖先。

第2章 英雄大顯身手
～大冒險奇幻作品

鳥瞰第2章

英雄故事的「原型」

本章會出現許多大家耳熟能詳的人物，
包括天下無敵的英雄赫拉克勒斯、可怕的梅杜莎等。
其實，他們波瀾壯闊的故事有特定的模式。

概要

英雄故事存在「原型」

大洪水揭開了新世界的序幕（P.66），以英雄豪傑為主角的故事也隨之上場。這些英雄擁有超凡的體魄與智慧，不時會打倒怪物，有時在邁向目標的過程中，會犧牲家人和朋友。

眾所周知，希臘神話對許多故事產生影響，其中英雄故事的影響力尤為深遠。除了登場人物與場景設定，故事發展的原型（模式）也為後世的寓言、現代的漫畫、遊戲、電影等帶來大量靈感。

故事的「原型」①

神奇的誕生

有些英雄是神和人類結合所生的「半神半人」，有些則完全是人類（多半是王族）的孩子。無論哪一種，他們的誕生方式或出生故事都充滿傳奇色彩。

故事的「原型」②

制伏怪物

制伏怪物也是各種神話中可看到的故事「原型」。希臘神話中有眾多知名怪物登場，如梅杜莎（P.77）、米諾陶（P.105）、柯柏魯斯（P.85）等。

故事的「原型」③

試煉與走訪冥界

英雄身上經常降臨各式各樣的考驗，如惡劣的天候、裝備的缺乏、詛咒等。遇到這種情況時，到另一個世界尋求幫助也是一種「原型」。赫拉克勒斯、翟修斯、奧德修斯等都曾到冥界走一遭。

072

故事的「原型」① 神奇的誕生

柏修斯因人類和黃金雨結合而出生（P.76）

赫拉克勒斯幼時就勒死一條蛇（P.80）

故事的「原型」② 制伏怪物

柏修斯與梅杜莎（P.77）

翟修斯與米諾陶（P.105）

故事的「原型」③ 試煉與走訪冥界

赫拉克勒斯與12道難題（P.82）

翟修斯伴友擄冥后（P.107）

> 鳥瞰第2章

英雄與其他登場人物

英雄身邊的人物也有許多精彩的故事。
英雄和他身邊的人大都是希臘各地的王族或領主。

故事核心是王族與領主

從 大水災（P.66）死裡逃生後，琉克里翁和皮拉生下赫倫。相傳赫倫就是英雄時代的始祖。

赫倫的兒子埃歐洛斯成為帖撒里亞王；而埃歐洛斯的兒子中，克瑞透斯成為伊俄爾科斯的國王，薛西弗斯成為科林斯的國王。

因此，許多赫倫的子孫後來都當了國王。在英雄時代，他的家人與各地領主們也和眾英雄一起發光發熱。

神諭指示建立卡德美亞，也就是後來的底比斯。

卡德摩斯娶了阿瑞斯與阿芙羅黛蒂（P.41）的女兒和諧女神，但這段婚姻預示了一連串悲劇。婚禮時神明贈送的項鍊（P.51）和衣服為後代子孫帶來不幸；卡德摩斯的4個女兒均慘死，他們的孩子也都厄運上身。

受詛咒的底比斯王族

王 族之中，底比斯王族被稱為受「詛咒的王族」。

底比斯王族的起源，可追溯到腓尼基王阿傑諾爾的兒子卡德摩斯。卡德摩斯的妹妹歐羅芭行蹤不明，他在出外尋找的過程中，依照

底比斯王族與英雄

底 比斯王族英雄輩出，但也一個個面臨悲劇。

底比斯建國英雄卡德摩斯不忍子孫接連遭逢不幸，便請求神讓他與和諧女神一起變成蛇，不再繼續當人類。

卡德摩斯的曾孫賴瑤斯的兒子伊底帕斯殺父娶母，被稱為「希臘神話中最大的悲劇」。

074

「英雄時代」的始祖與統治系譜

● → 英雄

琉克里翁 ═══ 皮拉
　　　　　　｜
俄爾賽斯 ═══ 赫倫 ←英雄時代人類的祖先
　　　　　　｜
┌──────────┼──────────┐
多洛斯　　克蘇托斯　　埃歐洛斯（帖撒里亞王）　　出身→英雄梅列阿格（P.91）
　　　　　　　　　　　　｜
┌──────┬──────┬──────┬──────┐
薛西弗斯　　克瑞透斯　　阿塔馬斯　　得伊翁　　珀里厄瑞斯
（科林斯王）（伊俄爾科斯王）（維歐提亞王）（福基斯王）（麥西尼王）
出身→英雄柏勒洛豐（P.90）　　出身→英雄伊阿宋（P.92）

底比斯王族與英雄的悲劇

阿瑞斯 ═══ 阿芙羅黛蒂
　　　｜
┌─────┐
歐羅芭　卡德摩斯 ═══ 和諧女神

項鍊的詛咒
和諧女神嫁給卡德摩斯時，眾神送給她項鍊和衣服當做賀禮；但有一種說法是，這為他們整個家族帶來災難。

悲劇之國底比斯的始祖

┌──────┬──────┬──────┬──────┐
伊諾　　奧托諾伊　　瑟美莉（P.33）═══宙斯　　阿嘉薇　　波呂多洛斯
　　　　　　｜　　　　　　｜　　　　　｜　　　　｜
┌───┐　阿克泰翁　　戴奧尼索斯（P.56）　彭透斯　拉布達科斯
雷阿爾古斯　玫里科爾德斯
　　　　　　悲劇→被自己飼養的獵犬咬死（P.47）
　　　　　　　　　　　　悲劇　不幸的成長過程
　　　　　　　　　　　　　　　　　　　　依奧卡絲達 ═══ 賴瑤斯
　　　　　　　　　　　　　　　　　　　　　　　　｜　　　　↑
　　　　　　　　　　　　　　　　　　　　　伊底帕斯　　殺害（P.109）
　　　　　　　　　　　　　　　　　　　　　　　　　　　底比斯王族最大的悲劇
後來底比斯王族垮台
悲劇→兄弟彼此殺戮（P.111）
┌──────┬──────┐
波呂尼刻斯　厄特俄克勒斯　安緹岡妮

075

誕生～打敗梅杜莎

英雄大顯身手 柏修斯①

英雄時代

登場人物
- 柏修斯
- 達娜葉
- 梅杜莎

柏修斯就是阿古斯公主達娜葉與宙斯（P.33）的孩子。達娜葉的父親阿克里西俄斯得到神諭，知道自己「將被女兒的孩子所殺」，便將達娜葉和柏修斯放逐海上，母子倆漂流到了西里弗斯島。

兩人被漁夫救起後，就留在島上平靜度日。當柏修斯長成少年，該島國王波呂德克特斯第一次見到美麗的達娜葉，就頻頻勾搭，柏修斯則拚命保護母親。碰釘子的國王心生一計，命令所有男性島民獻出馬匹，其中只有柏修斯沒有馬。於是柏修斯跟國王約定，要去取怪物戈爾貢的首級。

戈爾貢蛇髮女妖三姊妹是不死之身，但么妹梅杜莎例外。於是柏修斯鎖定梅杜莎，俐落的斬下她的頭。

貧窮仍健康長大
柏修斯在西里弗斯島長大，成為強壯勇敢的年輕人。

母子倆被關在木箱裡，在海上漂流，宙斯仍一路守護他們。

達娜葉

誕生
父親是宙斯，母親是阿古斯公主達娜葉。因為達娜葉被軟禁，所以柏修斯是在地下室出生的。

阿克里西俄斯
柏修斯的祖父、阿古斯王。他向神祈求男嗣，神諭卻告知他「將被孫子所殺」。恐懼之下，他把達娜葉關進地下室。後來，他發現達娜葉偷偷生下柏修斯；但他不相信那是宙斯的孩子，便將母子流放大海。

西里弗斯島至今猶在
西里弗斯島的英語是「Serifos Island」，位於希臘本土東南方，是散布在愛琴海中部的眾多島嶼之一。

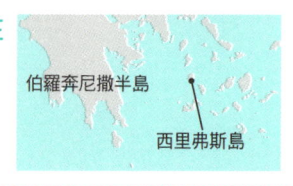

伯羅奔尼撒半島

西里弗斯島

076

中了國王的計，出征討伐梅杜莎

柏修斯出發討伐梅杜莎。人的目光若和蛇髮女妖相對，就會變成石頭，所以他拿著盾，看著盾上反映的梅杜莎身影，慢慢靠近她，砍下她的頭，裝進袋裡，然後穿著飛行涼鞋飛上天空。

克利薩爾
誕生自梅杜莎斷頸處流出的血。怪物般的身形，手持金劍。

佩加索斯
長著翅膀，擁有不死之身的馬，和克利薩爾一起出生，父親可能是波賽頓。

荷米斯給的金剛曲劍。

雅典娜
因為梅杜莎在供奉自己的神殿和波賽頓胡搞，引起她的反感，所以在柏修斯討伐梅杜莎時幫了他一把。

擁有不死之身的怪物三姊妹，頭髮是活生生的蛇。她們擁有法力，能夠把視線相對的人變成石頭。

戈貢三姊妹

梅杜莎
雅典娜所賜青銅盾牌，打磨得亮晶晶。

梅杜莎的身影映在雅典娜的盾牌上，就不會直接看到她本人。

典故由來

水母
梅杜莎的英語「Medusa」也有「水母」的意思，因為梅杜莎的蛇髮形似水母。

有一說指出，梅杜莎原本是美麗的少女，但可能是因為在雅典娜神殿和波賽頓偷歡，或是和雅典娜比美，而被雅典娜變成怪物。

向葛瑞依雅打探行蹤

為打聽梅杜莎的下落，柏修斯先去找戈爾貢的姊妹葛瑞依雅。

柏修斯趁她們交換時奪走了眼睛，迫使她們說出梅杜莎的置身之處。

葛瑞依雅
葛瑞依雅是3個老婆婆，戈爾貢的姊妹。她們住在非洲山上的洞穴裡，輪流共用1個眼睛和1顆牙齒。

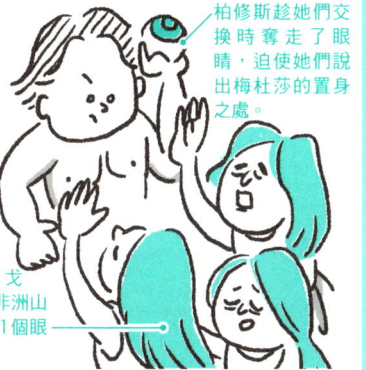

英雄時代

英雄大顯身手 柏修斯②
解救安卓美姐

登場人物
- 柏修斯
- 安卓美姐

梅杜莎的首級到手後，柏修斯在回程時來到衣索比亞。他看到一位美麗的女子被鏈在海岸的岩石邊，那是衣索比亞國王克甫斯的獨生女安卓美姐。為使該國海怪的作亂平息，國王依照神諭指示，把她獻出來當活祭品。

柏修斯對她一見鍾情，便向國王表達「如果制伏怪物，希望能娶安卓美姐」的心意。當怪物從海中現身，柏修斯穿著飛天涼鞋一飛衝天，再俯衝而下施展攻擊，漂亮的撂倒了海怪。

依照先前的約定，柏修斯娶了安卓美姐為妻。不過，國王克甫斯的兄弟，亦即安卓美姐的前未婚夫菲紐斯，帶著士兵闖進婚禮現場，柏修斯就亮出梅杜莎的首級，把那干人等全變成了石頭。

飛馬座
誕生自梅杜莎斷頸處所流的血，曾擔任英雄柏勒洛豐（P.90）的坐騎，後來被接上天空，成為星座。

鯨魚座
柏修斯打敗的海怪是海神波賽頓帶來的，名叫刻托斯，即鯨魚座的起源。

仙女座
安卓美姐升上天空成為仙女座，位於英仙座（即柏修斯）的斜上方。仙女座中最亮的α星壁宿二，和飛馬座（即佩加索斯）一起構成秋天的大四邊形。

天命難違！柏修斯殺了祖父，成為邁錫尼王

柏修斯和安卓美姐回到西里弗斯島後，把波呂德克特斯變成石頭。某天，他在拉瑞莎參加運動大會，丟鐵餅時意外擊中祖父阿克里西俄斯。祖父當場死亡，神諭終究成真（P.76）。柏修斯無法下定決心繼承阿古斯王位，後來和親戚墨迦彭特斯交換領地，成為邁錫尼國王。

● 拉瑞莎
● 雅典
● 邁錫尼
伯羅奔尼撒半島
西里弗斯島

施里曼發現邁錫尼文明確實存在

柏修斯成為邁錫尼王族的始祖。1876年，施里曼發掘出邁錫尼文明存在的證據。該文明是在西元前1600年左右以邁錫尼為中心開始發展，因為地理位置的關係，容易遭受他國威脅，堅固的城牆為其建築的特徵。

邁錫尼城門遺址

所有故事都能從星座追本溯源！

典故由來

柏修斯和安卓美姐的故事中，有許多人物被神接到天上成為星座。

死期

英仙座
英雄柏修斯死後化為英仙座。他拿著梅杜莎首級的位置是變光星大陵五，其亮度會有週期性的變化。

仙王座
衣索比亞國王、安卓美姐的的父親克甫斯成為仙王座。它的形狀就像一個有尖角的五邊形，旁邊是妻子仙后座。

仙后座
安卓美姐的母親卡西歐佩亞化為仙后座。它在北方的夜空上，共有5顆星，排成類似英文字母「W」的形狀，環繞著北極星旋轉。

英雄時代

英雄大顯身手 赫拉克勒斯①

最強的英雄誕生

登場人物
- 赫拉克勒斯
- 赫拉
- 愛克美妮

柏

修斯的孫女愛克美妮同時懷了未婚夫安菲特律翁與宙斯的孩子；前者是伊菲克力士，後者則是後來成為大英雄的赫拉克勒斯。兩個孩子在同樣的環境中成長，在他們8個月大時，赫拉克勒斯放進搖籃裡的蛇。安菲特律翁目睹這一幕才明白過來，赫拉克勒斯就是宙斯的孩子。於是，他請了一流的教師，對他進行英才教育，教他摔角、射箭、劍術、馬術等。但赫拉克勒斯不擅長音樂，在被里諾老師責罵時，用豎琴打破了老師的頭。為了贖罪，他到喀泰戎山牧羊，在制伏獅子、立下大功之後，和底比斯王的女兒梅格拉結婚。不過，他受了赫拉的詛咒，殺了自己的妻子和孩子⋯；為此，他去挑戰「12道難題」，以將功贖罪。

典故由來

銀河是赫拉的乳汁

為了讓赫拉克勒斯長生不死，宙斯趁赫拉睡著，讓赫拉克勒斯去吸取她的奶水。赫拉發現後，把他推開，奶水便灑向天空，形成「銀河」。

宙斯舊情人達娜葉的兒子柏修斯與安卓美妲的孫女。

赫拉克勒斯一生都受赫拉的殘忍加害。

赫拉

和赫拉克勒斯同時出生的雙胞胎弟弟，但他的父親是愛克美妮的未婚夫安菲特律翁。

伊菲克力士　赫拉克勒斯

愛克美妮

誕生
繼承宙斯血脈的赫拉克勒斯，雖年幼卻勒死了一條蛇。

080

宙斯變成未婚夫的樣子！愛克美妮落入圈套

安菲特律翁和愛克美妮訂有婚約，但宙斯在安菲特律翁到遠方作戰時，變成他的模樣去找愛克美妮，兩人共赴雲雨，當時愛克美妮懷的孩子就是赫拉克勒斯。

安菲特律翁曾誤殺自己的叔叔厄勒克特律翁（也就是愛克美妮的父親），為補償這樁罪過，他參戰為愛克美妮的兄弟復仇。

赫利歐斯

在宙斯的請託之下，他把宙斯和愛克美妮歡愛的夜晚時間延長3倍。

擁抱愛克美妮的其實是變成安菲特律翁模樣的宙斯！

愛克美妮

赫拉克勒斯的家譜

赫拉克勒斯的子孫繼承了邁錫尼王族的血脈。

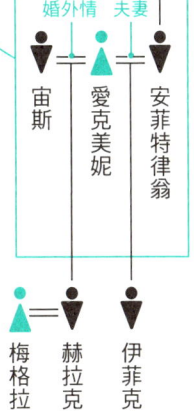

安卓美妲 — 柏修斯
│
斯泰內勒斯 — 阿耳卡俄斯
│   │
尤瑞透斯   安菲特律翁

婚外情   夫妻
宙斯 — 愛克美妮 — 安菲特律翁
│   │
梅格拉 = 赫拉克勒斯   伊菲克力士

赫拉害赫拉克勒斯發狂

赫拉克勒斯和梅格拉過著幸福的婚姻生活，但赫拉讓赫拉克勒斯陷入瘋狂，殺了妻子和孩子。

赫拉克勒斯殺死妻兒，是因為赫拉使他心神錯亂。

12道難題的開始

殺死妻兒後，赫拉克勒斯恢復神智。他來到德爾菲，神諭指示他到邁錫尼國王尤瑞透斯手下（請見右邊的家譜），完成他交代的12道難題。

把親生孩子丟進火裡燒死。

英雄大顯身手～大冒險奇幻作品

赫拉克勒斯的12道難題

赫拉克勒斯殺了妻兒後，必須挑戰12道難題，將功贖罪。

第1道難題

剷除尼米亞獅子

第1道難題是剷除尼米亞的不死之獅。赫拉克勒斯把牠引進洞窟後勒斃牠，剝下牠的頭和毛皮，穿在身上。

尤瑞透斯
柏修斯的孫子、邁錫尼國王。這12道難題是他下達的命令。

赫拉

典故由來：獅子座
宙斯為表揚赫拉克勒斯的功勳，把被他殺死的獅子升上天空，成為獅子座。

第2道難題

消滅海濁

第2道難題是消滅勒拿沼澤的九頭水蛇海濁。牠的頭無論砍掉多少次，都會再長出來。所以赫拉克勒斯找姪子伊歐勞斯幫忙，在他砍下蛇頭後，姪子馬上用火燒灼切口，最後赫拉克勒斯再把真正不死的那顆頭埋在地下。打鬥中途，赫拉還來干擾，送來一隻螃蟹支援海濁。

擁有劇毒，人光是接觸到牠的氣息就會死。

海濁

中間那隻是不死之身。

典故由來：刺胞動物 水螅
水螅是一種棲息於淡水的刺胞（毒針）動物，其名稱來自海濁，跟海濁一樣擁有再生能力。

典故由來：巨蟹座
赫拉送來的螃蟹被赫拉克勒斯踩得粉碎，赫拉讓牠加入天上的星群，成為巨蟹座。

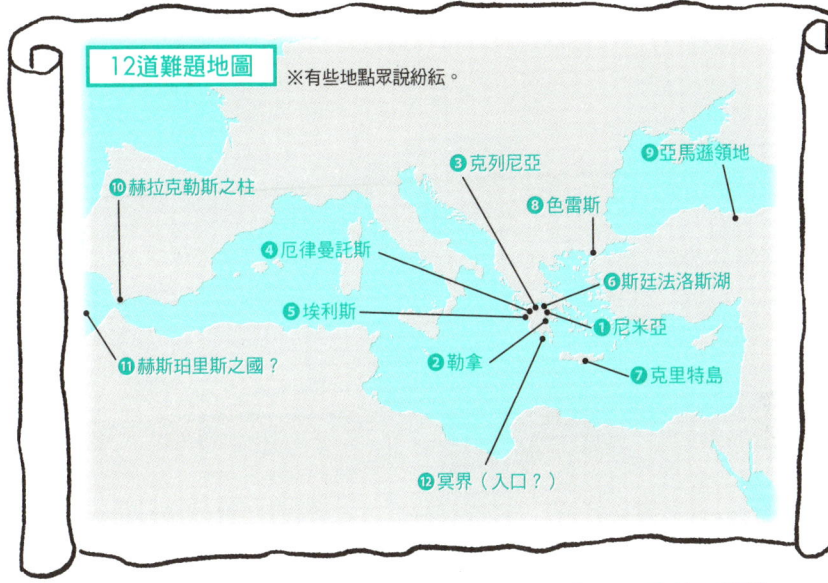

12道難題地圖

※有些地點眾說紛紜。

- ❸ 克列尼亞
- ❾ 亞馬遜領地
- ❿ 赫拉克勒斯之柱
- ❽ 色雷斯
- ❹ 厄律曼託斯
- ❺ 埃利斯
- ❻ 斯廷法洛斯湖
- ❶ 尼米亞
- ❷ 勒拿
- ❼ 克里特島
- ⓫ 赫斯珀里斯之國？
- ⓬ 冥界（入口？）

❶ 剷除尼米亞獅子
❷ 消滅海濁
❸ 捕獲克列尼亞之鹿
❹ 生擒厄律曼託斯野豬
❺ 清掃歐葛阿斯的畜舍
❻ 消滅斯廷法洛斯湖怪鳥
❼ 捉拿克里特公牛
❽ 活捉戴歐米德斯的母馬
❾ 取得亞馬遜女王的腰帶
❿ 捕捉葛里昂的牛
⓫ 摘取赫斯珀里斯之國的黃金蘋果
⓬ 擒獲柯柏魯斯

第3道難題

捕獲克列尼亞之鹿

接下來的指令是活捉克列尼亞山的黃金角母鹿。那隻鹿走得再遠都不知疲倦，赫拉克勒斯追了1年的時間才捉到牠。

第5道難題

清掃歐葛阿斯的畜舍

第5道難關是清掃埃利斯國王歐葛阿斯的畜舍。那間畜舍已經30年沒打掃過了，累積了3000頭牛的糞。他引進河水沖刷，轉眼間牛糞就清潔溜溜。

第4道難題

生擒厄律曼託斯野豬

接著他要上厄律曼託斯山捕捉野豬。途中，他不小心用塗了海濁毒血的箭誤殺了賢者凱隆。後來他東奔西跑，走遍雪山，終於還是成功抓到了野豬。

典故由來

歐葛阿斯的牛圈

歐葛阿斯的牛圈（英語為「Augeanstable」）這個詞用來表示需要徹底改革的狀況。

第6道難題

消滅斯廷法洛斯湖怪鳥

第6道難題是趕走棲息於斯廷法洛斯湖邊森林、會攻擊人類的一群怪鳥。赫拉克勒斯敲打赫費斯托斯製作的波浪鼓，鳥群驚飛四散，他就以迅雷不及掩耳的速度射出箭，將牠們一舉殲滅。

第7道難題

捉拿克里特公牛

隨後，他要去捕捉克里特島一頭凶猛的牛，這頭牛屬於國王米諾斯所有。牠原本是要獻給海神波賽頓的祭品，但由於牠長得雄壯美麗，米諾斯捨不得獻出來，而用另一隻牛代替，因此惹火了海神，使這頭牛陷入瘋狂。赫拉克勒斯和這頭在島上橫衝直撞的公牛廝殺搏鬥，終於抓到牠。後來，這頭牛被翟修斯（P.104）殺死。

第1道難題中的獅子毛皮，相傳來自吉泰龍山的獅子（P.80）。

第8道難題

活捉戴歐米德斯的母馬

第8道難題是活捉色雷斯國王戴歐米德斯的4隻食人馬。平時，國王會把旅客抓去餵馬。赫拉克勒斯把國王殺了，餵給馬吃；馬吃後變得溫馴，赫拉克勒斯才抓到牠們。

> **典故由來**
>
> **阿布德拉遺址**
>
> 赫拉克勒斯的朋友阿布德洛斯一起挑戰這次難關，卻被馬吃掉，成了犧牲品。因此，赫拉克勒斯建立了阿布德拉這個城市來紀念他，現在希臘東北部仍有阿布德拉市的遺址。

下指令的尤瑞透斯眼看赫拉克勒斯關難過關關過，被他的強大嚇到發抖，躲進甕裡。

第9道難題

取得亞馬遜女王的腰帶

然後，赫拉克勒斯要去奪取亞馬遜女王希波利特的腰帶。他和女王打商量，女王同意把腰帶讓給他。不過，赫拉又挑撥其他亞馬遜族人去襲擊赫拉克勒斯。赫拉克勒斯無奈之下，只得和他們對戰，最後殺了女王，奪走腰帶。

希波利特

腰帶是女王的父親軍神阿瑞斯（P.52）授予的，是一族統治者的象徵。

尤瑞透斯

第10道難題

捕捉葛里昂的牛

第10道難題是去西方盡頭的厄律提亞島,偷走三頭三身怪物葛里昂所飼養的紅牛。赫拉克勒斯正想帶走牛群時,葛里昂突襲過來,赫拉克勒斯立刻射出箭,命中他的3顆頭顱,擊倒了他。

典故由來

赫拉克勒斯之柱

在前往厄律提亞島途中,赫拉克勒斯為了抄近路,把一座岩石山劈成兩半,形成今天的直布羅陀海峽,夾峙海峽兩岸的岩山則稱為「赫拉克勒斯之柱」。

第11道難題

摘取赫斯珀里斯之國的黃金蘋果

下一關仍然在西方盡頭;赫拉克勒斯必須奪取赫斯珀里斯三姊妹園裡的金蘋果。金蘋果由一條龍看守,赫拉克勒斯向在果園附近支撐天空的阿特拉斯(P.27)尋求協助;請阿特拉斯去幫忙摘金蘋果,天空則暫由赫拉克勒斯代為支撐。阿特拉斯原想一走了之,但赫拉克勒斯用計把他騙回來,繼續支撐天空。

典故由來

赫斯珀里斯→西方→義大利

古希臘語「赫斯珀里斯」是黃昏、西方的意思,「赫斯珀里亞」則是西方之國的意思。對希臘而言,有時赫斯珀里亞是指義大利。

阿特拉斯

第12道難題

擒獲柯柏魯斯

最後一道難題是帶回冥界看守犬柯柏魯斯(P.58)。赫拉克勒斯下冥界後,黑帝斯允許他帶走柯柏魯斯,條件是必須徒手捕捉。於是,赫拉克勒斯用手勒住柯柏魯斯的脖子,把牠從冥界帶回地上。

黑帝斯

典故由來

IT用語「柯柏魯斯認證」

網路認證方式之一,用戶第1次輸入ID、密碼通過認證後,接下來就不需再輸入。這跟抓三頭犬的邏輯相同,只要抓住其中一頭,其他也就手到擒來?

085

> 英雄時代

解決難題後轉戰各地

英雄大顯身手 赫拉克勒斯②

登場人物
赫拉克勒斯
赫拉

完

成12項艱鉅任務後，赫拉克勒斯在奧卡利亞國王尤利多斯舉辦的劍術大賽中獲勝，並定下婚約，要娶國王的女兒伊歐莉（下圖）❶。不過國王反悔，赫拉克勒斯後來殺了國王的兒子伊弗特斯❷。

殺了伊弗特斯後，赫拉克勒斯前往德爾菲，請求神諭指示贖罪的方法。神諭告訴他，必須以奴隸身分侍奉里底亞女王安佛麗（❹）。之後，他繼續如狂風暴雨般建立戰功，包括率領艦隊拿回過去的報酬（❻）、渡海報復第5道難題中的歐葛阿斯國王等（❼）。

實際上，這些故事可能是各地土著傳說和赫拉克勒斯這個人物融合而成，由此可見他是多麼受歡迎的英雄角色。

❻遠征特洛伊
赫拉克勒斯曾經幫特洛伊國王拉俄墨冬除掉怪物，國王原承諾給他一匹駿馬做為報酬，但事後未履約。於是他攻打特洛伊，殺死國王和他的兒子。

❻特洛伊

❹穿女裝服勞役
因為德爾菲神諭事件，他遭到宙斯的懲罰（P.43）。之後，他到里底亞女王安佛麗那裡當奴隸3年（有一說是1年）。除了征討盜賊以外，他還穿女裝做婦女的紡織勞作。

里底亞❹

❺伊卡洛斯葬身的島嶼

> 典故由來

工藝大師戴達洛斯（P.103）企圖逃出克里特島時，為兒子伊卡洛斯裝上他發明的翅膀；但伊卡洛斯飛得太高，墜海而死。伊卡洛斯的遺體被沖上海岸，埋葬他的人就是赫拉克勒斯。後來，該島嶼被命名為伊卡利亞島。

伊卡利亞島 ❺

086

赫拉克勒斯的悲劇總跟赫拉脫不了干係

伊弗特斯尊敬且支持赫拉克勒斯，卻被他殺害

伊弗特斯是奧卡利亞的王子，對赫拉克勒斯的英勇事蹟十分景仰。他拜訪赫拉克勒斯時，勸他去尋找被偷走的牛，以洗清自己的冤屈，赫拉克勒斯聽從了他的建議。

這次殺人，應該又是因為赫拉讓他發狂而造成的。

赫拉

奧卡利亞國王尤利多斯不讓赫拉克勒斯和女兒結婚，甚至懷疑他是偷牛賊（其實他被冤枉了），國王的兒子伊弗特斯則站在赫拉克勒斯那一邊。不過，赫拉克勒斯在提林斯款待伊弗特斯時，突然心神錯亂，把伊弗特斯推下城牆。

伊弗特斯

赫拉克勒斯解決12道難題後的活動範圍

❶結婚遭拒
赫拉克勒斯贏得奧卡利亞國王舉辦的劍術大賽，但國王尤利多斯知道他曾因瘋狂而殺了親生孩子，遂變卦毀約，不讓他和公主伊歐莉結婚。

❸尋求神諭指示 跟阿波羅吵架
為抵償殺伊弗特斯的罪過，赫拉克勒斯到德爾菲請求神諭，卻被女祭司趕了出去。火冒三丈的他想搶走女祭司的三腳架時，阿波羅匆忙趕來，兩人吵成一團，直到宙斯把雷電丟在他們中間，才平息風波（P.43）。事後，赫拉克勒斯還是得到了神諭。

❾向德亞妮拉求婚
赫拉克勒斯在為第12道難題訪冥界時，遇到卡利敦王子梅列阿格（P.91）的鬼魂。出於憐憫，赫拉克勒斯承諾娶他的妹妹德亞妮拉為妻。不過，河神阿克洛奧斯也看上她，赫拉克勒斯便打敗河神，迎娶了德亞妮拉。

❼征服歐葛阿斯王
第5道難題的埃利斯國王歐葛阿斯拒絕支付清掃牛舍的報酬，赫拉克勒斯就殺了他，扶植自己的伙伴皮勞斯為新國王。

❽攻占皮洛斯
殺了伊弗特斯之後，赫拉克勒斯為了尋求救贖，拜託皮洛斯國王涅萊烏斯幫他洗清罪孽，但遭拒絕，國王甚至還想奪走革里昂的牛。於是赫拉克勒斯率軍攻打皮洛斯，殺了國王和他的兒子。

❶奧卡利亞
❾卡利敦
❸德爾菲
❼埃利斯
雅典
提林斯❷
❽皮洛斯

> 英雄時代

英雄之死及其子孫

英雄大顯身手 赫拉克勒斯③

登場人物
赫拉克勒斯
德亞妮拉

赫⑨

拉克勒斯和德亞妮拉婚後出門旅行（P.87圖⑨），途經激流，遇到一個專門背人渡河的半人馬族，名叫涅索斯。赫拉克勒斯請他背德亞妮拉到對岸，不料涅索斯半途起了色心，意圖侵犯她，赫拉克勒斯就用毒箭射殺了他。

斷氣前，涅索斯在德亞妮拉耳邊說：「我的血是迷情藥，如果你丈夫變心，就把血塗在他的內衣上。」德亞妮拉相信了這番話，就把他的血保存在小瓶子裡。

後來，赫拉克勒斯對尤利多斯（P.87圖❶）報了仇，娶到公主伊歐莉。德亞妮拉妒火中燒，就拿出瓶子，把血塗在內衣上，交給赫拉克勒斯。不過，這些血中混了海濁的蛇毒，這是涅索斯死前的設計。赫拉克勒斯穿上後，痛苦掙扎。這位大英雄知道自己大限將至，就在火焰中結束自己的生命，最後升上了天界。

涅索斯

德亞妮拉

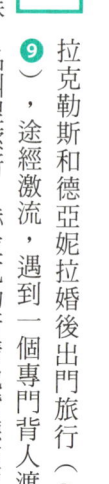

> 美麗的卡利敦公主，在梅格拉死後和赫拉克勒斯結婚，旅途中遭好色的涅索斯侵擾。

> 赫拉克勒斯的箭，塗有海濁（P.82）的蛇毒。

涅索斯的血
德亞妮拉相信了涅索斯的話，把血保存起來，沒想到裡面摻了毒。

> 半人半馬族。渡河到中央時，想侵犯德亞妮拉，結果被赫拉克勒斯射殺。臨死前騙了德亞妮拉，圖謀復仇。

> 赫拉克勒斯把妻子託給涅索斯背負，自行過河；半途聽到妻子的慘叫聲，他見狀立刻射出毒箭，殺了涅索斯。

2 赫拉克勒斯的最後一刻

赫拉克勒斯穿著塗了毒血的內衣，毒素遍布全身，痛不欲生。他到火葬壇上躺著，下令點火。周圍的人都裹足不前，直到波亞斯路過，才點燃了火焰。身軀在烈火中焚燒殆盡後，赫拉克勒斯升上天界，成為眾神的一員。

典故由來

武仙座
赫拉克勒斯死後升上天空化為武仙座，手上拿著棍棒，追趕巨蟹座與獅子座（P.82）。

在兒子希洛斯的幫忙下，赫拉克勒斯在帖撒里亞的俄塔山搭起火葬壇。

波亞斯
波亞斯是帖撒里亞地方梅索尼的領主，承擔點火的任務。

死期
他自己射出的毒箭導致他的死亡。妻子在知道真相後，也追隨他的腳步，自我了斷。

活躍的赫拉克勒斯後裔

赫拉克勒斯與德亞妮拉的子孫被稱為「赫拉克勒斯後裔」，在隨後的幾個世代，他們都非常活躍。

赫拉克勒斯後裔的故事①
和尤瑞透斯的戰役

赫拉克勒斯的兒子希洛斯等人離開父親的宿敵——尤瑞透斯國王，逃往特拉基斯，而後在雅典的戰場上擊敗了他。由於神諭指示，要得到勝利，必須付出一名少女的生命，姊妹瑪卡里亞就這樣成了犧牲品。

赫拉克勒斯後裔的故事②
返回伯羅奔尼撒半島

赫拉克勒斯的兒子們在戰爭勝利後，回到父親的故鄉伯羅奔尼撒半島，但又因為疫病擴散而撤離。神諭指示，想要回來，必須「等待第3次收穫」，這指要等到第3代以後。結果，到了曾孫泰米努斯那一代，他們才終於又返回伯羅奔尼撒半島。

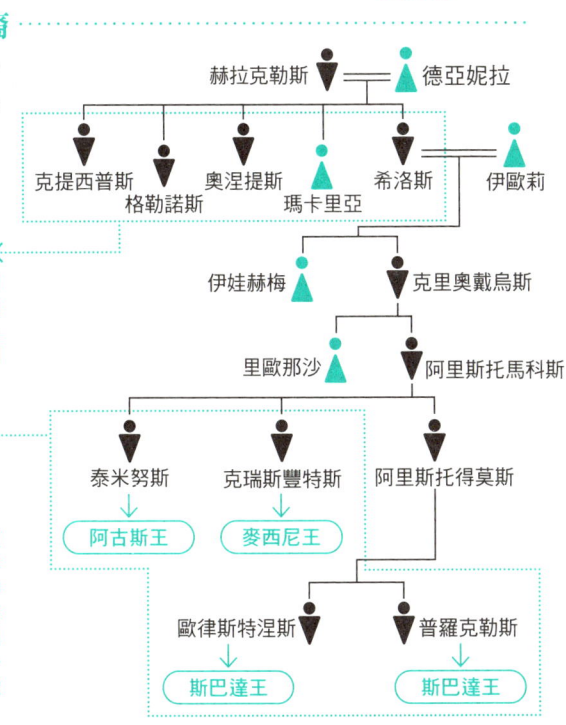

```
         赫拉克勒斯 ══ 德亞妮拉
              │
    ┌─────┬──────┬──────┐
    ▼     ▼      ●      ▼     ▲
 克提西普斯 奧涅提斯 瑪卡里亞 希洛斯 伊歐莉
   格勒諾斯
              │
        ┌─────┴─────┐
        ▲           ▼
      伊娃赫梅    克里奧戴烏斯
        │           │
        ▲           ▼
      里歐那沙   阿里斯托馬科斯
                    │
        ┌───────┬───┴───┐
        ▼       ▼       ▼
     泰米努斯 克瑞斯豐特斯 阿里斯托得莫斯
       │         │          │
     [阿古斯王] [麥西尼王]    │
                     ┌──────┴──────┐
                     ▼             ▼
                  歐律斯特涅斯    普羅克勒斯
                     │             │
                  [斯巴達王]     [斯巴達王]
```

英雄時代

消滅奇美拉

英雄大顯身手 柏勒洛豐

登場人物
柯勒洛豐

柯林斯青年柏勒洛豐祈求女神雅典娜讓他騎上飛馬佩加索斯，雅典娜就賜給他特製的黃金韁繩與轡繩，讓他能騎著飛馬在空中馳騁。

有一天，柏勒洛豐誤殺了弟弟，只得逃離故土，投靠阿古斯國王浦勒多斯。不過，國王懷疑他勾引王妃史特涅波亞，就請岳父，即里西亞國王伊俄巴特斯交代柏勒洛豐一些艱難的任務，如制伏怪獸之類，藉此除掉他。結果柏勒洛豐完成了所有任務，被視為英雄，得到領地，還娶了國王的小女兒。

後來柏勒洛豐當上國王，有了3個孩子，接著就想飛上天界成為神。不過，他在騎著佩加索斯往上飛時，被摔落地面。雖然保住一條命，但就此心神錯亂，在山野中四處徘徊。

奇美拉
奇美拉是一種長著獅頭、蛇尾、羊身的噴火怪物，在里西亞周圍一帶橫行霸道。

柏勒洛豐
柯林斯國王葛勞寇斯的兒子，跟父親一樣喜歡馬。是個優秀的騎手，再暴烈的馬都能馴服。他騎著佩加索斯從空中展開攻擊，成功擊敗奇美拉。

佩加索斯
擁有翅膀的不死之馬（P.77），從梅杜莎的血液中出生。獨角獸也是傳說中的動物，但牠只有額頭上的一個角，沒有翅膀，也非不死之身。

王妃史特涅波亞愛慕柏勒洛豐，遭拒絕後就向國王進讒言。舊約聖經〈創世紀〉裡也有類似的故事。

典故由來
嵌合體
異質事物的合成。現已成為生物學用語，如「嵌合體細胞」等。

090

英雄時代

生命寄於柴火

英雄大顯身手 梅列阿格

登場人物

卡利敦王子梅列阿格出生時，命運三女神莫拉娥宣告，他的壽命會持續到薪火燃燒殆盡之時。母親阿爾泰亞為避免這種情況，就把柴薪都放在箱子裡，小心保管。

梅列阿格長大後成為偉大的勇士，幾乎被認為是不死之身。有一隻巨大的豬在卡利敦當地肆意踐踏，許多希臘英雄前往獵殺，但都難以取勝。最後是女獵人阿塔蘭特射中了牠，梅列阿格再用長矛給牠致命的一擊。

梅列阿格將戰利品（豬皮）單獨給了阿塔蘭特，但梅列阿格的舅舅們（阿爾泰亞的兄弟）也參與了這次戰役，對此表示不服，於是梅列阿格把舅舅們都殺了。阿爾泰亞聞訊，因失去手足而悲痛欲絕，便將之前藏在箱子裡的柴薪丟進火爐。當柴薪焚燒殆盡，梅列阿格的生命也戛然而止。

命運女神莫拉娥

命運三女神莫拉娥（P.63）在梅列阿格出生第7天出現，宣告：「我們給他的壽命，會持續到薪火燒盡之時。」

為維護兒子的壽命，阿爾泰亞小心保管柴薪。

阿爾泰亞

柴火燒成灰燼的瞬間，如預言所示，梅列阿格的生命也畫下句點。

梅列阿格

聽到兒子殺了舅舅們的消息，就把柴薪丟進火裡，隨後自縊而死。

英雄時代

尋訪父親的奮鬥歷程

英雄大顯身手 伊阿宋①

登場人物

伊阿宋

帖

撒里亞地區的伊俄爾科斯原本由厄宋統治，但厄宋同母異父的弟弟佩里阿斯設計陷害他，奪走了王位。厄宋感到身邊危機四伏，便假稱幼子伊阿宋病逝，將他托給賢者凱隆暗中撫養。

伊阿宋長大成人後回到伊俄爾科斯，想從佩里阿斯手中奪回父親的王位。返鄉途中，他幫忙背老婆婆過河，腳上穿的一隻涼鞋被河水沖走，只得穿著剩下的那隻鞋繼續前進。當他抵達伊俄爾科斯的王宮，佩里阿斯看到他單腳穿鞋，嚇得面如土色；因為神諭顯示，王位會被只穿一隻涼鞋的年輕人奪走。

伊阿宋表明身分，要求讓出王位。佩里阿斯聽了目瞪口呆，因為他原本以為伊阿宋已經病死了；不過他仍告訴伊阿宋，如果他帶回科爾基斯的金羊毛，就會把王位讓給他。

赫拉從此開始護佑伊阿宋。

老婆婆的真實身分是赫拉

在河岸進退不得的老婆婆其實是赫拉變的。佩里阿斯以前在赫拉神殿殺過人，赫拉對他深惡痛絕，所以前來觀察和他交手的人。

在優秀的半人馬族凱隆的教導之下，伊阿宋和同伴切磋琢磨，逐漸成長茁壯。赫拉克勒斯和阿基里斯等人也接受過凱隆的指導。

河水湍急，沖走了伊阿宋的一隻鞋子，佩里阿斯看了大驚失色。

看似輕盈的老婆婆背起來卻如千斤重，渡河之後她就消失了。赫拉這麼做是為了測試伊阿宋的誠意。

2 與叔父的恩怨！伊俄爾科斯的王位

伊俄爾科斯的創建者是克瑞透斯，伊阿宋的父親厄宋是他的親生兒子，也是王位繼承者，但同母異父的弟弟佩里阿斯奪走了王位。伊阿宋認為自己才是王位的正統繼承人，而佩里阿斯為了保住王位，向伊阿宋提出高難度的交換條件——帶回金羊毛。

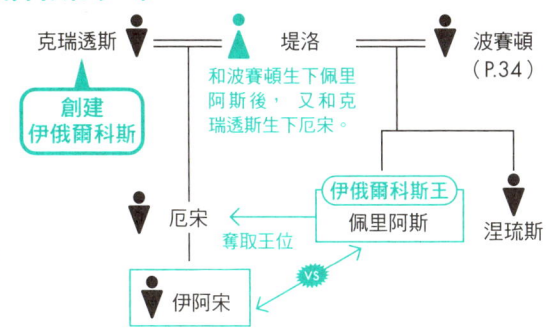

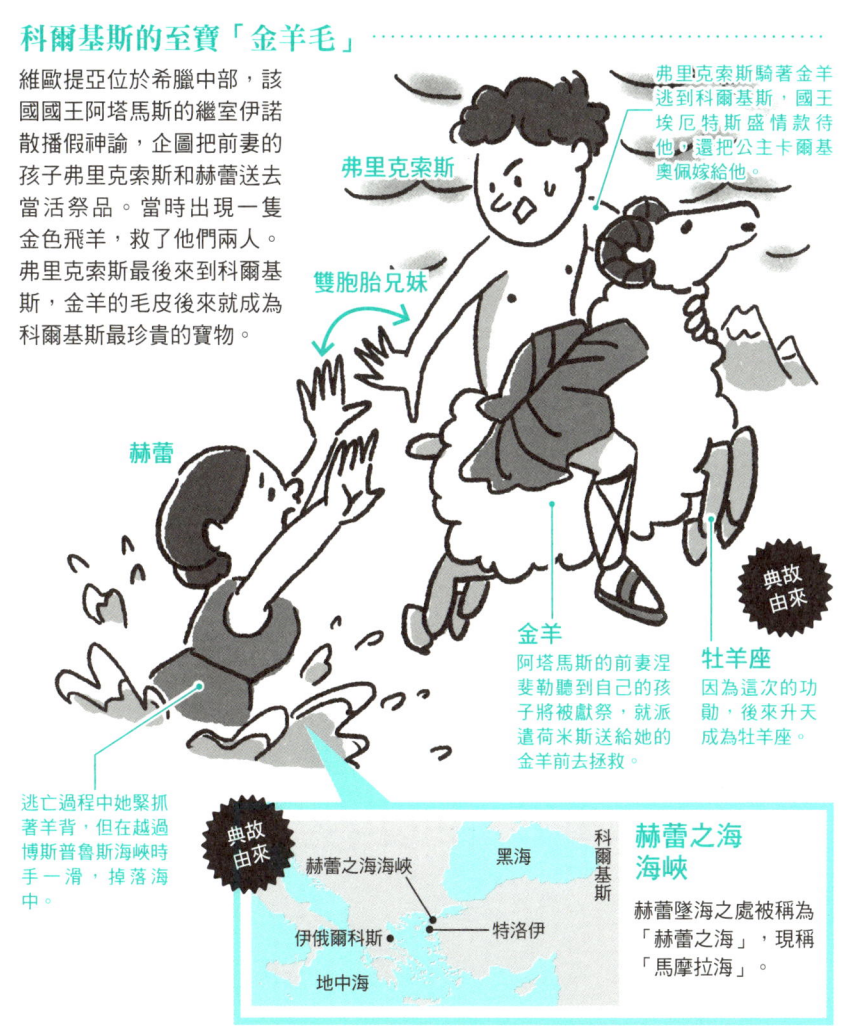

```
克瑞透斯 ▼═══堤洛═══▼ 波賽頓（P.34）
   │         和波賽頓生下佩里      │
(創建      阿斯後，又和克       │
伊俄爾科斯)    瑞透斯生下厄宋。     │
   │                      │
   ▼         伊俄爾科斯王        ▼
   厄宋 ◀──── 佩里阿斯        涅琉斯
   │    奪取王位    
   ▼         vs
  伊阿宋 ◀──────
```

科爾基斯的至寶「金羊毛」

維歐提亞位於希臘中部，該國國王阿塔馬斯的繼室伊諾散播假神諭，企圖把前妻的孩子弗里克索斯和赫蕾送去當活祭品。當時出現一隻金色飛羊，救了他們兩人。弗里克索斯最後來到科爾基斯，金羊的毛皮後來就成為科爾基斯最珍貴的寶物。

弗里克索斯騎著金羊逃到科爾基斯，國王埃厄特斯盛情款待他，還把公主卡爾基奧佩嫁給他。

弗里克索斯

雙胞胎兄妹

赫蕾

金羊
阿塔馬斯的前妻涅斐勒聽到自己的孩子將被獻祭，就派遣荷米斯送給她的金羊前去拯救。

牡羊座（典故由來）
因為這次的功勳，後來升天成為牡羊座。

逃亡過程中她緊抓著羊背，但在越過博斯普魯斯海峽時手一滑，掉落海中。

赫蕾之海海峽（典故由來）

赫蕾墜海之處被稱為「赫蕾之海」，現稱「馬摩拉海」。

地圖：赫蕾之海海峽、黑海、科爾基斯、伊俄爾科斯、特洛伊、地中海

英雄時代
英雄大顯身手 伊阿宋②
阿爾戈號出發

登場人物
伊阿宋

阿爾戈英雄的大冒險

他們從伊俄爾科斯起航，通過利姆諾斯島和色雷斯，從敘姆普勒加得斯（今博斯普魯斯海峽）進入黑海，抵達科爾基斯。

去程 → 回程 →

隆河、艾瑞丹諾斯河、下多瑙河、科爾基斯、黑海、伊俄爾科斯、色雷斯、法希斯河、克基拉島、敘姆普勒加得斯、密西亞、愛琴海、利姆諾斯島、斯庫拉與卡律布狄斯、雅典、地中海、克里特島、利比亞

※航路眾説紛紜

阿爾戈英雄

為了科爾基斯的闖蕩之旅，伊阿宋在希臘各地號召了50名勇士，其中包括赫拉克勒斯和翟修斯，一行人搭著大船「阿爾戈號」揚帆出航。他們在女人島——利姆諾斯島待了1年之久，又在其他島嶼被當地人當成海盜而遭受攻擊。不過，他們仍通過了險惡的敘姆普勒加得斯，平安抵達科爾基斯。

094

2 風雲際會

在伊阿宋的號令下,希臘各地豪傑齊聚一堂。赫拉與雅典娜鼎力相助,知名英雄也共襄盛舉。

阿爾戈斯	造船木匠,建造了阿爾戈號。
提費斯	來自維歐提亞,航海技術師承雅典娜,擔任阿爾戈號的舵手。
赫拉克勒斯（P.80）	赫拉克勒斯的戀人——美少年許拉斯也加入團隊。途中,許拉斯被山泉寧芙溺死,赫拉克勒斯為了尋找他而離開這次冒險。
梅列阿格（P.91）	卡力敦的獵豬英雄。
翟修斯（P.100）	雅典英雄。
奧菲斯（P.112）	知名豎琴家。

南船座（典故由來）
航海旅程全部結束後,眾神將阿爾戈號升上天空,化為星座。

船頭以橡木製造,木材來自多多納,一個有神諭所的聖地。據說這個橡木船頭會講人類的語言。

一行人被稱為阿爾戈英雄,這個字是由船名「Argo」(阿爾戈）+「Nautai」(船員）兩個字合併而成的。

據說,船的建造者阿古斯是弗里克索斯（P.93）的兒子。

伊阿宋

敘姆普勒加得斯之岩

敘姆普勒加得斯是海面兩塊相對而立的巨岩,它們會彼此激烈撞擊,險象環生。來到這裡時,阿爾戈英雄先放出一隻鴿子,看牠能否平安飛過岩石間;順利通過的話,英雄們就緊接著快速划槳穿越。

英雄時代

英雄大顯身手 伊阿宋③
女巫美蒂亞的支援

登場人物
- 伊阿宋
- 美蒂亞

阿宋到了科爾基斯後，拜訪國王埃厄特斯，與他協商，希望他能讓出金羊毛。不過，金羊毛已是科爾基斯的寶物，所以國王故意刁難：「如果你能把軛（套在牛頸背部的木製裝備）套在兩隻噴火牛身上，把龍的牙齒播種在田裡，再打敗從龍牙種子生長出來的士兵，我就把金羊毛讓給你。」

伊阿宋不知如何是好，赫拉指點他，要讓公主美蒂亞愛上他。傳言說，美蒂亞是個精通藥草的女巫。美蒂亞迷戀伊阿宋，為他調製了不死藥；伊阿宋把藥塗在身上，所有難題迎刃而解。

國王對此大為光火，計畫夜襲阿爾戈號，但被美蒂亞察覺。在美蒂亞的幫助下，伊阿宋成功奪取了金羊毛，兩人和其他英雄一起乘上阿爾戈號，速速離開科爾基斯。

科爾基斯的至寶金羊毛掛在一棵巨大橡樹的樹枝上。

精通魔法。為了幫助伊阿宋，美蒂亞用藥讓大蛇陷入昏睡。

美蒂亞

有了美蒂亞的協助，最重要的目標也達成了。

一條巨大的蛇盤據在此，擔任看守的職務。當牠怒吼時，據說能響徹整個科爾基斯。

096

② 用美蒂亞的魔法過關斬將

埃厄特斯提出一連串艱難的任務,做為讓出金羊毛的條件。不過,他認為摔倒噴火牛是絕對不可能的,所以把卡德摩斯(P.74)從前所殺的龍的牙齒交給伊阿宋;而伊阿宋藉助美蒂亞的魔法,一次次闖關成功。

獲得金羊毛的條件

❶ 把軛套在兩隻噴火牛身上

> 過關! 伊阿宋把美蒂亞給的藥草塗在身上,成了不死之身,再徒手捉住噴火牛,為牠們套上軛。

❷ 把龍的牙齒播種在田裡

> 過關! 伊阿宋把國王交給他的神祕龍牙種在田裡後,全副武裝的士兵一個接一個從地裡冒出來。

❸ 與士兵交戰

> 過關! 伊阿宋在士兵之間投擲巨石,讓他們互相懷疑是對方丟的,彼此廝殺起來,自己折損大半,最後伊阿宋再清除剩下的士兵;這個戰略也是來自美蒂亞。

犧牲弟弟!美蒂亞的科爾基斯逃亡戰略

國王埃厄特斯知道金羊毛被奪走,阿爾戈號已經載著女兒美蒂亞啟航,怒不可遏。當他好不容易追上阿爾戈號,出現在眼前的卻是美蒂亞用刀刺向弟弟的殘忍畫面。

美蒂亞的家譜

```
赫利歐斯 ─── 柏修斯
      │
   ┌──┴──┐
 埃厄特斯  瑟西
   │
 ┌─┴──┐
美蒂亞 阿布緒爾托斯
```

美蒂亞是女巫瑟西(P.140)的姪女,也有一說是女兒。她的魔法是向瑟西學來的。

埃厄特斯: 兒子的死令國王心如刀割。他忙著打撈兒子的遺體,無心再追,阿爾戈號便趁機逃走了。

追緝阿爾戈號,想奪回金羊毛。

為吸引父親的注意,她把弟弟砍得支離破碎,拋散在海中。

美蒂亞

被砍成碎片的阿布緒爾托斯: 上船當姊姊美蒂亞的人質。據說他是個幼童,因為和姊姊十分親近,就跟她一起上了船;也有一說是他已成年。

冒險之旅的終點

英雄大顯身手 伊阿宋④

英雄時代

登場人物
- 伊阿宋
- 美蒂亞

金

羊毛得手後，一行人歷經千辛萬苦才回到科爾基斯。伊阿宋立刻去拜訪叔叔佩里阿斯，把金羊毛交給他。但在伊阿宋離開期間，佩里阿斯已逼死了厄宋。美蒂亞對此憤憤不平，再次為伊阿宋出頭。

美蒂亞告訴佩里阿斯的女兒，她有一種藥草，能讓她們的父王返老還童。美蒂亞示範給她們看，她把一隻年老的羊剁碎，放進煮著藥草的鍋裡，牠瞬間就變成年輕的小羊。於是，女兒們相信這是一種回春的魔法，就把父親佩里阿斯也切碎，放進大鍋裡煮。

不過，美蒂亞給她們的回春藥草是假的，所以佩里阿斯不但沒重獲青春，反而嗚呼哀哉。就這樣，佩里阿斯被除掉了。但因為美蒂亞的手段過於殘忍，她和伊阿宋兩人被逐出科爾基斯，來到科林斯（P.99）。

> 為了讓她們相信藥草可以恢復青春，先用一隻老羊來示範。

> 美蒂亞給佩里阿斯的女兒假藥草。

美蒂亞

> 有一說指出，用來示範的是伊阿宋年老的父親厄宋。

佩里阿斯
- 4個女兒
- 阿卡斯圖斯

除了女兒外，佩里阿斯還有一個兒子阿卡斯圖斯。佩里阿斯死後，伊阿宋謝絕就任，所以就由阿卡斯圖斯繼承王位。

> 把回春藥草放進燒著爐火、煮著沸水的大鍋，攪拌均勻。

098

② 失控的美蒂亞，血流成河

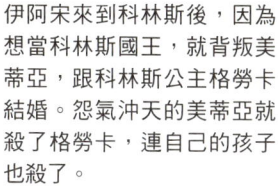

伊阿宋來到科林斯後，因為想當科林斯國王，就背叛美蒂亞，跟科林斯公主格勞卡結婚。怨氣沖天的美蒂亞就殺了格勞卡，連自己的孩子也殺了。

格勞卡
妒火中燒的美蒂亞送給格勞卡一件塗了毒藥的婚紗，格勞卡把手套進袖子後，馬上遭烈焰焚身而死。

梅莫洛斯和費列斯

兩人的孩子
冒險之旅後，美蒂亞和伊阿宋生了兩個孩子。不過，做母親的美蒂亞後來用劍刺死了他們。

死期
從那之後，伊阿宋就瘋了，整天四處遊蕩，行蹤飄忽。某天他走到阿爾戈號的殘骸下，被掉落的船頭擊中，一命歸天。

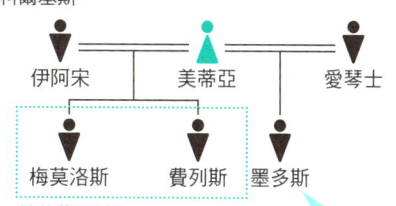

以美蒂亞為主題的作品

典故由來 精通魔法的美蒂亞用魔力幫助丈夫，但最終招致淒慘結局。從西元前到近代，她暴烈的情感都是全世界許多作品的主題。

尤里彼得斯的《美蒂亞》
由伊阿宋不忠，美蒂亞報仇雪恨的故事改編而成的戲劇。西元前431年在雅典娜的祭典初次上演。

塞內卡的《美蒂亞》
塞內卡是約西元前1年出生的古羅馬詩人、哲學家，《美蒂亞》是他的悲劇作品之一。

三島由紀夫的《獅子》
發表於1948年，以敗戰之初的日本為舞台，故事改編自尤里彼得斯的作品。

美蒂亞的後續發展

和伊阿宋分手後，美蒂亞跟雅典國王愛琴士（P.102）結婚，生下兒子墨多斯。為了讓墨多斯繼承王位，她企圖殺害國王的另一個兒子翟修斯，不過失敗了。事後，她帶著墨多斯回到祖國科爾基斯。

```
伊阿宋 ── 美蒂亞    愛琴士
    │         │
  ┌─┴─┐       │
梅莫洛斯 費列斯  墨多斯
被美蒂亞刺殺
```

美蒂亞王國的始祖
墨多斯在母親美蒂亞的幫助下，篡奪了科爾基斯的王位，建立起新的美蒂亞王國。

英雄時代
英雄大顯身手 翟修斯①
尋訪父親

登場人物
- 翟修斯
- 埃特拉

雅典國王愛琴士擔心自己沒有子嗣，來到德爾菲請求神諭，神諭回應他：「回到雅典之前，不要打開葡萄酒皮袋的袋口。」他不明所以，在拜訪朋友特里真國王皮特俄斯時，問他對這則神諭的看法，皮特俄斯解讀：「這表示偉大的英雄即將誕生。」皮特俄斯熱情的勸愛琴士喝酒，並且灌醉他，然後讓自己的女兒埃特拉跟他共度一夜。

隔天早上，愛琴士在離開前對埃特拉說：「如果你生下男孩子，他也成長得很好，希望你可以叫他去拿我藏在大岩石下的涼鞋和劍，並且請他來找我。」後來，埃特拉生的是男孩，取名為翟修斯。等到他16歲，埃特拉告訴他，他的父親是愛琴士國王，也告訴他涼鞋與劍的事。翟修斯舉起大岩石，找到父親留下的物品，隨後就啟程前往雅典，尋訪父親。

誕生
據說他的父親是雅典王愛琴士，但也有一說是波賽頓。

特里真國王皮特俄斯的女兒，起初是柏勒洛豐向她求婚（P.90），但她和愛琴士同床共枕，生下翟修斯。

大岩石下有愛琴士國王所藏的涼鞋與劍。

埃特拉

告訴翟修斯，他的父親是雅典王愛琴士。

② 翟修斯與赫拉克勒斯的共同點、英雄傳說的固定模式

各種不同的英雄傳說中經常可看到類似之處，也有標準的發展模式。尤其雅典英雄翟修斯、全希臘的代表性英雄赫拉克勒斯的故事中，有許多地方如出一轍。

雅典英雄翟修斯

翟修斯是雅典的代表性英雄，他的英雄傳說可能是為了與赫拉克勒斯分庭抗禮而產生。

到訪翟修斯的故鄉特里真，偶然遇見了翟修斯。

仰慕 ← → 朋友

孩子們看到穿戴獅皮的赫拉克勒斯，紛紛走避，只有7歲的翟修斯拿著刀奮勇向前，兩人的交流從那時開始。

多利安人的英雄赫拉克勒斯

對伯羅奔尼撒半島的希臘民族多利安人來說，赫拉克勒斯是具代表性的英雄。斯巴達這個重要國家的王族據說也是他的子孫。

逐漸成長為兼具天賦才能與勇氣的英雄，也有一說認為他的父親是波賽頓。

與赫拉克勒斯的相似處

誕生祕史
赫拉克勒斯的誕生來自宙斯的策略（P.81），翟修斯的誕生則和德爾菲的神祕神諭有關，兩者的出生都可看到神的影子。

四處冒險
赫拉克勒斯走遍各地，解決12道難題，之後繼續闖蕩江湖（P.82）；翟修斯也到克里特島等地冒險。

與怪物交戰
赫拉克勒斯和海濁等怪物交手（P.82），翟修斯和米諾陶等怪物對決。

冥界之旅
赫拉克勒斯為了12道難題下冥界，翟修斯則和好友皮里托奧斯一起下冥界。

雖有怪物存在，仍勇闖陸路

翟修斯從故鄉特里真前往雅典時，不走安全的海路，大膽選擇充滿危險的陸路。據說他這麼做是為了和潛伏途中的敵人一較高下，以建立不遜於赫拉克勒斯的顯赫戰功。

彎松巨人 西尼斯
西尼斯住在科林斯地峽，他會把旅人的雙腿各綁在兩棵松樹上，讓他們的身體裂成兩半，翟修斯用同樣的手法殺掉他。

牝豬斐亞
有一隻化身為灰色母豬的怪獸牝豬斐亞在克羅米翁地區肆虐橫行，翟修斯打敗牠，解救了當地人。

墨伽拉的暴徒斯凱龍
斯凱龍會把旅人推下懸崖，餵給食人龜。同樣的，翟修斯也把他從懸崖推下，成為食人龜的腹中餐。

襲擊旅人的普羅克瑞提斯
普羅克瑞提斯在雅典附近提供住宿服務，他要求客人的身高必須符合床的長度，如果客人太矮，他就把客人硬拉長；若太高，他就砍掉多出來的一截。翟修斯以其人之道還治其人之身，因為他太高，翟修斯就砍下他的頭。

科林斯 — 墨伽拉 — 雅典
克羅米翁
特里真

英雄時代
英雄大顯身手 翟修斯②
抵達雅典

決一群妖魔鬼怪之後，翟修斯抵達雅典，受到民眾熱烈歡迎。當時愛琴士國王已和美蒂亞結婚，生下墨多斯（P.99）；他還不知道翟修斯是自己的兒子，但也設盛宴款待翟修斯。

美蒂亞倒是一眼就看出翟修斯是國王的兒子，就在杯中下毒，企圖暗殺他。當翟修斯把杯子湊到嘴邊，準備喝下毒酒的剎那，愛琴士注意到他的涼鞋和劍，就一把打破酒杯，把美蒂亞驅逐出境，準備將王位讓給翟修斯。

當時，雅典送活祭品給克里特島的時間也快到了。每隔9年，雅典必須獻出7名少年和7名少女給克里特島的怪物米諾陶。翟修斯知道後，自告奮勇表示願意去制伏怪物，於是他加入活祭品的一員，向克里特島前進。

登場人物
- 翟修斯
- 愛琴士
- 美蒂亞

解

美蒂亞

離開伊阿宋（P.92）後，成為愛琴士的妻子。

愛琴士

一開始，他沒發現來到這裡的年輕人是自己的兒子。

在杯中下毒之前……
美蒂亞早早就發現年輕人（翟修斯）的真實身分。在下毒之前，她就教唆愛琴士派翟修斯去制伏狂牛（P.84），想藉此除掉他。

宴席上，翟修斯拔劍準備切肉時，愛琴士發現那是他藏在大岩石下的劍，才認出他就是自己的兒子。

雅典與克里特島的恩怨

愛琴士曾請求克里特島國王米諾斯的兒子安德魯厄斯去收服狂牛，但他在打鬥過程中死亡。為了補償，雅典每9年會獻出少年少女共14人給克里特島，做為怪物米諾陶的活祭品。

雅典 → 定期獻上活祭品。 克里特島

克里特島與牛的深刻因緣

克里特國王米諾斯的母親是歐羅芭，父親則是曾變身為公牛的宙斯（P.32）。米諾斯也是因為波賽頓賜予公牛，其他人才一致同意讓他繼承王位。故事中，牛無所不在。

進入人造母牛，和公牛交合

米諾斯違背約定（P.84），波賽頓為了懲罰他，讓他的妻子帕西菲失去神智，對狂牛產生情慾。她要名匠戴達洛斯製作一個仿真的空心母牛，她進入其中，和公牛交合，懷了半人半牛的怪物米諾陶。

工藝大師戴達洛斯
為米諾斯王服務的著名工匠。除了幫帕西菲製作空心母牛，還發明很多東西。

帕西菲

米諾斯王的妻子雖是人類，卻和貨真價實的牛交合。

主要作品
帕西菲的牛／迷宮（P.104）／船桅／斧頭／膠

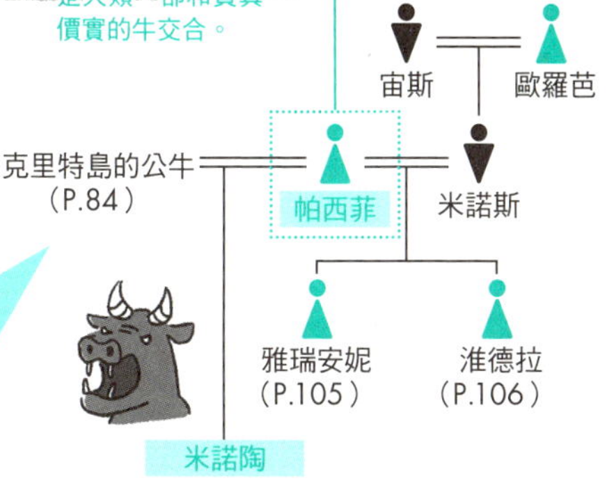

典故由來 — 因美麗而命運多舛的牛

波賽頓送來的牛無比美麗，米諾斯王捨不得獻祭，因此激怒了海神，讓牛發狂作亂。後來，牠被赫拉克勒斯捕捉（P.84），最後被翟修斯殺死（P.102）。

克里特島的公牛（P.84）— 帕西菲 — 米諾斯
宙斯 — 歐羅芭
米諾陶 ／ 雅瑞安妮（P.105）／ 淮德拉（P.106）

英雄時代
英雄大顯身手 翟修斯③
對決！米諾陶

登場人物
- 翟修斯
- 雅瑞安妮
- 米諾陶

翟修斯混在14名少年少女之間，登上了克里特島。他的目標是到米諾陶所在的迷宮，把牠擊倒。公主雅瑞安妮在途中看到翟修斯，為他的俊美而傾心。

迷宮的構造極度蜿蜒曲折，據說一旦進去就出不來。雅瑞安妮一心想幫翟修斯，就去問迷宮的建造者戴達洛斯，如何從迷宮中脫身。戴達洛斯告訴她，把線團的一端繫在入口處，走進迷宮後，一路解開那捲線，最後再循線回來即可。於是，雅瑞安妮把方法告訴翟修斯，並交給他一個紅色線球，對他說：「如果能從迷宮平安歸來，希望你也把我帶去雅典。」翟修斯遵照她的囑咐，拿著線球進入迷宮，和米諾陶激戰，最後殺死了牠。然後他循線離開迷宮，帶雅瑞安妮離開克里特島。

典故由來

後世藝術作品的主題
後世的藝術家深受雅瑞安妮、米諾陶的故事吸引，產生了許多作品。

以雅瑞安妮為主題的作品
（文學）
- 喬叟（14世紀）《好女人傳說》
著名的女性短篇戀愛故事，以遭戀人背叛的女性為視角。
- 尼采（19世紀）《戴奧尼索斯頌歌》
雅瑞安妮和戴奧尼索斯的戀愛故事。

（美術）
- 提齊安諾・維伽略（16世紀）《巴克斯與雅瑞安妮》

（音樂）
- 蒙台威爾第（17世紀）《雅瑞安妮悲歌》
- 海頓（17世紀）《納克索斯島的雅瑞安妮》
- 史特勞斯（20世紀）《納克索斯島上的雅瑞安妮》
- 米堯（20世紀）《被遺棄的雅瑞安妮》

以米諾陶為主題的作品
（文學）
- 史基拉（20世紀）《米諾陶》雜誌
- 波赫士（19世紀）《阿萊夫》小說
- 胡利奧・科塔薩爾（19世紀）《國王們》
- 瑪格麗特・尤瑟娜（20世紀）《誰沒有米諾陶？》
- 藤子・F・不二雄（20世紀）《米諾陶之盤》

（美術）
- 羅馬鑲嵌畫（1世紀）
- 卡索尼・坎帕納（16世紀）《翟修斯與米諾陶》
- 羅丹（19世紀）《米諾陶》
- 畢卡索（20世紀）《翟修斯與米諾陶》《格爾尼卡》

104

雅瑞安妮的引導線

翟修斯依照雅瑞安妮教的方法，進入迷宮前，把紅線球的一端綁在入口處，要出來時再循線從原路回來，從迷宮全身而退。

典故由來

「雅瑞安妮的線球」
雅瑞安妮的線球是走出迷宮的關鍵，所以這句話被用來比喻「解決難題的方法」。

米諾斯國王與帕西菲的女兒。愛上翟修斯，跟他定下婚約，瞞著父親告訴他脫離迷宮的方法。

雅瑞安妮被過河拆橋

翟修斯一行人踏上歸途，在納克索斯島稍做停留時，獨留雅瑞安妮在岩石上沉睡，逕自啟航離去。傳說雅瑞安妮後來和戴奧尼索斯結為連理。

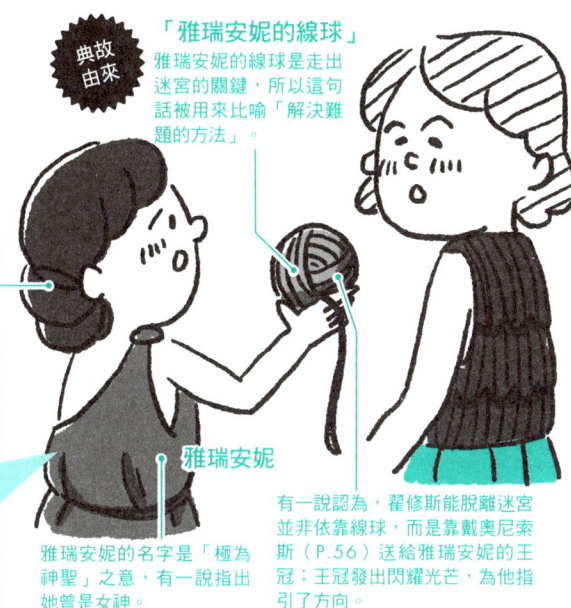

雅瑞安妮
雅瑞安妮的名字是「極為神聖」之意，有一說指出她曾是女神。

有一說認為，翟修斯能脫離迷宮並非依靠線球，而是靠戴奧尼索斯（P.56）送給雅瑞安妮的王冠；王冠發出閃耀光芒，為他指引了方向。

迷宮位於國王宮殿之下

米諾斯國王命戴達洛斯在自己居住的克諾索斯宮殿下建造一座地下迷宮，用來囚禁米諾陶。克里特島至今仍保留了西元前2000～1400年的遺跡，包括這座宮殿的遺址。

翟修斯把線球的一端綁在迷宮入口大門上，一路拉著線走進迷宮。

米諾陶在迷宮裡好整以暇的等待。翟修斯看到牠，就對牠的腦袋奮力一擊，米諾陶就一命嗚呼了。

米諾陶
半人半牛的怪物。雅典進貢的少年少女被送入迷宮後，牠就會襲擊他們，把他們吃掉。

典故由來

迷宮
據說克諾索斯宮殿的宗教象徵——雙刃斧（Labrys）是迷宮（Labyrinth）這個字的語源。

英雄時代

英雄大顯身手 翟修斯④
英雄的後續發展

登場人物
- 翟修斯
- 希波呂托斯

打

倒牛頭怪後，翟修斯和同伴歡天喜地回航，沉浸在勝利的喜悅中，忘了出發前和父親愛琴士的約定——若是凱旋而歸，就把出發時使用的黑帆降下來，升上勝利的白帆。愛琴士站在岬角，遠遠看見海面上翟修斯的船掛著黑帆，萬念俱灰，就跳下斷崖。

對父親的死，翟修斯非常懊悔自責。後來，他繼承了王位，娶了亞馬遜族少女為妻，但她不久就去世了，留下兒子希波呂托斯。翟修斯的下一任妻子是雅瑞安妮的妹妹淮德拉，她對繼子希波呂托斯產生情愫，但希波呂托斯拒絕了她的示愛。於是，她向翟修斯誣陷希波呂托斯勾引她，隨後就自殺身亡。翟修斯相信了這番說詞，對兒子恨之欲其死，以致引發悲劇。

希波呂托斯
在遭父親驅逐出境，駕著戰車行進間，路上突然出現海怪，那是海神應父親的要求派來的。馬受到驚嚇，導致戰車翻覆，希波呂托斯摔在地上，被馬拖行而死。

讓馬驚嚇失控的怪物相傳是波賽頓帶來的。

在羅馬神話中復活
羅馬神話中，阿特蜜斯憐憫希波呂托斯的慘死，就請醫神阿斯克雷皮俄斯（P.45）讓他復活。之後，他就逃往拉丁姆的阿里西亞。

翟修斯的3任妻子及子女

```
                  戴奧尼索斯
                    │
        第1任妻子
        雅瑞安妮
第3任妻子              第2任妻子
                      亞馬遜少女
淮德拉 ── 翟修斯
  │         │
得摩豐   阿卡馬斯
         希波呂托斯
```

翟修斯有了亞馬遜少女還不安分，又想跟淮德拉結婚，引起亞馬遜族不滿而進攻雅典，亞馬遜少女在這場戰役中陣亡。

後悔莫及的錯誤

翟修斯跟父親約定：「與米諾陶交手若凱旋歸來，就升起白帆，失敗的話就升起黑帆。」但翟修斯忘得一乾二淨。

翟修斯之船（翼修斯悖論）

典故由來

翟修斯返鄉之後，船因老舊而必須整修，原始零件歷經汰換，最後已一個都不剩。這樣的話，這艘船還能叫做「翟修斯之船」嗎？物體原本的構成要素如果已全部換新，還能稱為同一件東西嗎？這樣的問題叫做「翟修斯之船」或「翟修斯悖論」。

去程的目的是送達活祭品，掛著象徵悲傷的黑帆。

愛琴海

典故由來

愛琴士跳下的那片海洋稱為「愛琴士之海」，即「愛琴海」的由來。

擄冥后與悲慘結局

淮德拉死後，翟修斯挾持斯巴達的海倫（P.124），並強娶為繼室。好友皮里托奧斯想擄走冥后當老婆，他也陪同，結果被困在「忘卻之椅」幾十年。在這段期間，他的王位被奪走，也失去海倫，最後遭背叛而死。

帖撒里亞的拉皮斯族國王聽說翟修斯的英勇事蹟，想測試他的實力，就去攻擊他的牛。翟修斯急忙趕到現場，兩人不打不相識，一拍即合。

死期

翟修斯被逐出雅典後，來到司基洛島，受到國王盧可馬德斯的歡迎。但後來國王暗算他，把他推下斷崖，結束了他的一生。

赫拉克勒斯為了12道難題（P.82）來到冥界，順道救了舊識翟修斯；但皮里托奧斯完全固定在椅子上，沒辦法救出來。

兩人野心勃勃，魯莽決定要下冥界擄走冥后，因為「娶了冥后就表示自己是最高神宙斯之子」。

皮里托奧斯

忘卻之椅

冥王黑帝斯強迫兩人坐在「忘卻之椅」上。一旦坐上這張椅子，就再也離不開，也會忘了要回到人間的事。翟修斯坐太久，臀部的皮膚都黏在椅子上了。

赫拉克勒斯

悲劇的開始

英雄大顯身手 伊底帕斯①

英雄時代

登場人物：伊底帕斯、賴瑤斯

比斯王賴瑤斯得到不祥的神諭，指出即將出生的兒子會殺父娶母。賴瑤斯怕神諭成真，就在王妃依奧卡絲達生下兒子伊底帕斯後，立刻下令把嬰兒處理掉。

不過，收到命令的牧羊人違背國王，把嬰兒交給了科林斯的牧牛人。當時的科林斯國王夫妻沒有孩子，就把這孩子捧在掌心撫養長大。伊底帕斯長大後，知道了自己並非國王的親生兒子，就到德爾菲請求神諭；神諭依然告訴他，他會弒父娶母。於是，他決定離家遠行，不再回科林斯。他在底比斯附近的山路意外殺了一個老人，正是他的親生父親賴瑤斯。後來他在底比斯制伏了怪物斯芬克斯，受到該國人民歡迎，繼任了王位，又立親生母親依奧卡絲達為王妃，神諭就這樣應驗了。

斯芬克斯的謎語

斯芬克斯問伊底帕斯：「什麼動物早上有4隻腳，中午有2隻腳，晚上有3隻腳？」伊底帕斯回答：「是人類。」斯芬克斯聽到正確答案，就自盡而死。

獅身怪物，長著女性的頭部和乳房、還有翅膀與蛇尾巴。牠會對人們出謎語，對方如果答不出來，就會被牠殺掉。

底比斯的斯芬克斯

埃及的斯芬克斯

早在希臘神話形成之前，它就存在於埃及，擔任國王陵墓的守護者，據說後來由埃及傳入希臘。

底比斯王室宣告，王位由打倒斯芬克斯的人就任，他決定接受挑戰。

伊底帕斯這個名字的意思是「腫脹的腳」，因為他父親在他幼時用針刺穿他的腳踝，並將他遺棄。

108

2 不祥的神諭

伊底帕斯得到不祥的神諭，預言他會犯下弒父娶母之罪。他以為神諭所指的父母是科林斯國王夫妻，就離開了科林斯。不過，他的父母其實是底比斯國王賴瑤斯和王妃依奧卡絲達。他的離開是為了避免神諭實現，但很諷刺的，這樣的行動正是照神諭所示的方向進行。

在德爾菲收到的神諭

弒父娶母

↓

離開科林斯

伊底帕斯的命運之路

- ❶ 出生的國度
- ❷ 被生父拋棄
- ❸ 被拾獲，成為王子
- ❹ 得到神諭
- ❺ 殺死生父
- ❻ 制伏斯芬克斯

（地圖標示：德爾菲、底比斯、吉泰龍山、科林斯、雅典）

意外殺死生父

伊底帕斯跟一輛馬車發生衝突，一氣之下把車上的老人和隨從都殺了，而那個老人正是他的生父賴瑤斯。後來，伊底帕斯成為底比斯王，娶生母依奧卡絲達為妻，神諭預言成真。

波利風特斯
賴瑤斯的隨從，跟波利風特斯一起被殺。

賴瑤斯
偶然遇到了互不相識的兒子伊底帕斯。他要伊底帕斯讓路，但伊底帕斯不願意，還殺了他的馬。

「死於兒子之手」是伯羅普斯的詛咒

賴瑤斯曾經流亡到小亞細亞地區伯羅普斯（P.113）國王的宮廷，他愛上國王的兒子克律西波斯，還劫走他，伯羅普斯就下了這個詛咒。雖然後來賴瑤斯回到了底比斯，也生了兒子，但正如神諭所示，他還是被兒子殺了。

雙方發生口角，伊底帕斯就把他們兩人都殺了。

帕納塞斯山附近的三叉路非常狹窄，馬車只能勉強通過。

> 英雄時代

駭人的真相

英雄大顯身手 伊底帕斯②

登場人物
- 伊底帕斯
- 依奧卡絲達

伊底帕斯就任底比斯國王之後，施行仁政，國民認為他是明君賢王，對他十分愛戴。他和王妃依奧卡絲達生了4個小孩，過著幸福快樂的日子。然而，不久底比斯遭瘟疫侵襲，大地荒蕪，農作欠收，甚至人畜都不孕不育，生命停止繁衍。

伊底帕斯到德爾菲請求神諭，神諭指示他必須驅逐殺害先王賴瑤斯的凶手。預言家特伊西亞斯宣稱，伊底帕斯正是犯人。經過調查，伊底帕斯發現之前在山路所殺的人就是親生父親賴瑤斯，妻子依奧卡絲達則是親生母親。真相揭露後，依奧卡絲達選擇自盡，伊底帕斯則用金針刺瞎自己的雙眼，離開底比斯。

這個悲慘故事被西元前5世紀的悲劇作家索福克里斯寫成《伊底帕斯王》等劇本。

他透露，當年自己將賴瑤斯遺棄的伊底帕斯交給科林斯的牧牛人。

關於真相如何揭露，說法不一。有人認為是因為依奧卡絲達發現伊底帕斯腳踝上的傷痕，才真相大白。

伊底帕斯就任底比斯王後，成為他的妻子。

牧羊人

泰瑞西亞斯
底比斯的盲眼預言家，贊同德爾菲的神諭，宣稱伊底帕斯正是殺害先王賴瑤斯的凶手。

依奧卡絲達

> 典故由來

伊底帕斯情結
佛洛伊德的精神分析用語，指「戀母情結」，來自殺父娶母的伊底帕斯。

遭底比斯放逐、浪跡天涯、客死他鄉

被底比斯放逐之後，已失明的伊底帕斯由女兒安緹岡妮陪伴，行走天涯。相傳他流亡到阿提卡的柯隆納斯時，受到翟修斯的款待與庇護，然後活著進入冥界，成為神靈。

死期

安緹岡妮

底比斯的悲劇尚未落幕

伊底帕斯死後，他的兩個兒子為底比斯王位爭得你死我活，最後同歸於盡。

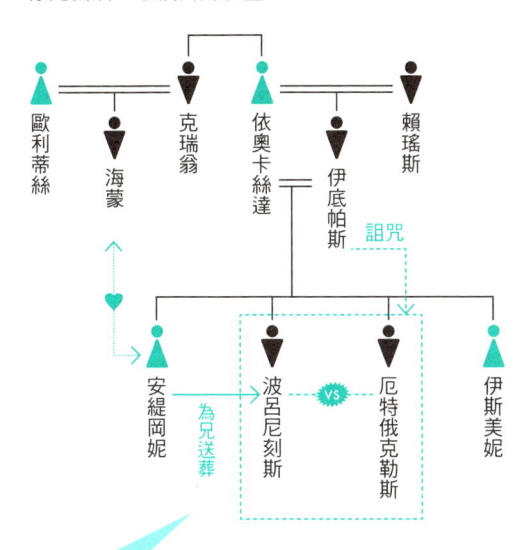

歐利蒂絲 — 克瑞翁
海蒙
依奧卡絲達 — 伊底帕斯（詛咒）
賴瑤斯

安緹岡妮 → 波呂尼刻斯 vs 厄特俄克勒斯　伊斯美妮
為兄送葬

父親的詛咒
伊底帕斯詛咒雙胞胎兒子波呂尼刻斯、厄特俄克勒斯勢不兩立，互相殘殺。

↓

兄弟爭奪王位
兄弟原本決定王位一年一輪，由兩人交替就任，但厄特俄克勒斯拒絕交出王位，將波呂尼刻斯驅逐出境。

↓

放逐波呂尼刻斯

↓

波呂尼刻斯向阿古斯求援
波呂尼刻斯獲得岳父——阿古斯國王阿德拉斯托斯的支援，對厄特俄克勒斯展開反攻。這支阿古斯軍隊稱為「征討底比斯七將」。

↓

底比斯開戰！兄弟互打
兄弟在底比斯激戰，最後兩人對決，以劍互刺，雙雙喪命。

↓

克瑞翁繼承王位　禁止埋葬敵方
後來，與厄特俄克勒斯同陣營的克瑞翁繼承了王位，他下令不准埋葬波呂尼刻斯，任他曝屍荒野。

↓

翟修斯介入
翟修斯率雅典軍隊攻打底比斯，放逐克瑞翁。

↓

底比斯再度被攻陷
「征討底比斯七將」的孩子們長大，再度率軍攻進底比斯，底比斯陷落。

安緹岡妮抗命，為兄送葬
克瑞翁繼承王位後，下令禁止埋葬敵方波呂尼刻斯。身為妹妹的安緹岡妮不忍哥哥曝屍荒野，偷偷葬了他，結果被逮捕，在獄中自盡。她的未婚夫克瑞翁的兒子海蒙，以及克瑞翁的妻子也先後追隨她的腳步，離開人世。

波呂尼刻斯

希臘神話裡的花絮

希臘神話裡還有許多小故事。
第2章提到的英雄、王族還有許多相關的傳奇，這裡再多介紹幾個。

奧菲斯的豎琴

天才音樂家奧菲斯來到冥界，想找回被毒蛇咬死的妻子尤瑞迪絲。冥王黑帝斯聽了他彈奏的豎琴，深受感動，便答應讓他帶回尤瑞迪絲，但要他在回到地上之前，不可回頭看她。而奧菲斯終究還是違反約定回頭了，也因此和妻子永別。

眼看即將到達冥界的出口，奧菲斯擔心妻子是否跟上，忍不住回頭看了一眼。剎那間，尤瑞迪絲就被帶回冥界，一去不返。

相傳豎琴是阿波羅贈送的，也可能是他自己發明的。

尤瑞迪絲

奧菲斯

黑帝斯提出條件：回程不可回頭看妻子。

阿爾戈號的冒險之旅中，豎琴也扮演重要角色！

奧菲斯也參加了阿爾戈號的冒險之旅（P.94）。當船員們沉浸在賽蓮海妖的歌聲中，忘了吃睡，離死亡愈來愈近時，他彈奏豎琴吸引怪物的注意力，讓船趁機通過。

典故由來

天琴座
奧菲斯死後，宙斯基於惜才之心，把他的豎琴升上天空，成為天琴座。

和母親重聚後，對於折磨母親，讓她痛苦萬分的呂科斯展開報復。

雙胞胎兄弟安菲翁與瑟托斯被遺棄在山裡，由牧羊人撫養長大。

安提俄珀與雙胞胎

安提俄珀是底比斯攝政王尼克圖斯的女兒，懷了宙斯的孩子。她唯恐這件事激怒父親，便逃往西錫安，與國王埃波佩奧斯結了婚。安提俄珀的父親前來追捕女兒，被埃波佩奧斯所殺，但安提俄珀還是被兄弟呂科斯帶回國，她在返國途中生下的雙胞胎則被遺棄在山裡。雙胞胎後來和母親重聚，並對呂科斯展開報復行動。

安提俄珀

遭呂科斯夫妻虐待，趁隙逃出。

譚塔洛斯一家的磨難 ❶
伯羅普斯與善妒妻

伯羅普斯與比薩公主希波達蜜雅育有多名子女，但又和寧芙有了私生子克律西波斯。希波達蜜雅打翻醋罈子，指使自己的兒子們殺了克律西波斯。丈夫發現她參與謀殺後，她就自縊而死。

典故由來：伯羅奔尼撒半島
希臘南部的伯羅奔尼撒半島因伯羅普斯的統治而得名。

兄弟爭奪王位

阿特雷茲與迪斯提斯因為殺害異母弟弟克律西波斯，遭驅逐出境。之後，兄弟倆爭奪邁錫尼王位。經由宙斯的神諭指示，最後由阿特雷茲擔任國王。

譚塔洛斯的族譜

宙斯 === 安提俄珀（P.112）
　↓
譚塔洛斯（P.61）
　↓
希波達蜜雅 === 伯羅普斯　妮歐貝 === 安菲翁　瑟托斯
　↓　　　　　　　　　　　　　↓
阿特雷茲 ⇔vs⇔ 迪斯提斯　皮特俄斯 等　　6男6女
　　　　　　　　　　　　　　　　　　　　※實際人數說法不一

譚塔洛斯一家的磨難 ❷
妮歐貝的孩子全命喪於神之手

妮歐貝和底比斯王安菲翁結婚，生了12個孩子。在女神麗朵（P.43）的生產紀念宴會上，妮歐貝大放厥詞：「麗朵只有兩個孩子，我有12個，我是贏家。」麗朵聽了，就指示自己的孩子阿波羅、阿特蜜斯為她報仇雪恥。於是，妮歐貝所有的孩子都被射殺了，妮歐貝也因悲傷過度而死。

妮歐貝之岩至今仍在土耳其

眾神憐憫妮歐貝，把她化為石頭，相傳即是土耳其西部西皮洛斯山上的妮歐貝哭泣岩。

阿波羅射殺男孩子，阿特蜜斯射殺女孩子。

妮歐貝

妮歐貝被射殺的孩子們，人數說法不一。

希臘神話與星座

相傳天神居住在星星上。西元前3000年,美索不達米亞地區的人們觀察星星的運行,試圖從中解讀神意。漸漸的,他們將星星連接起來,描繪出星座。後來星座之說傳到希臘,和神話結合在一起。荷馬的《奧德賽》(P.138)中已經有關於星座的敘述,如昴宿星團、獵戶座、大熊座等。

雙魚座
女神阿芙羅黛蒂和艾若斯在遭怪物泰風(P.120)攻擊時,變成魚跳進河裡。她們用緞帶把尾巴綁在一起,以免失散,這樣的形象變成了雙魚座。

水瓶座
特洛伊美少年甘米德(P.32)在天界擔任為眾神斟酒的侍者。宙斯送給他父親一匹神馬,做為奪走他兒子的補償,甘米德則化為水瓶座。

魔羯座
牧神潘恩遭怪物泰風襲擊。匆忙之中,變成下半身是魚,上半身是山羊的模樣,跳進尼羅河。宙斯將他當時的形象升上天空,化為魔羯座。

射手座
半人馬族的賢者凱隆(P.24)被赫拉克勒斯的毒箭射中,但因為是不死之身,所以也死不了。劇痛難忍之下,他請求宙斯讓他結束生命,於是宙斯將牠升上天空,變成射手座。

牡羊座
▶P.93

金牛座
▶P.32

雙子座
麗達的雙胞胎兒子(P.33)波魯克斯在兄弟卡斯托爾喪命時,向宙斯懇求,希望兄弟倆不要分離;宙斯就把他們升上天,成為雙子座。

巨蟹座 ▶P.82

獅子座 ▶P.82

天蠍座 ▶P.47

天秤座
女神阿絲特莉亞有個測量正義的天秤。她為人類日漸墮落、正義無法伸張而心灰意冷,離開人間回到天上,她的天秤則化為天秤座。

處女座
處女座的原型人物眾說紛紜,其中之一是豐收女神黛美特(P.54)。她的形象是手執麥穗,背生羽翼。

※星座的由來有諸多說法。

第3章 戰爭時代
~特洛伊戰爭與奧德賽

鳥瞰第3章

戰爭時代

希臘神話中，無論是神與神之間或人與人之間，都爆發大戰。
本章要介紹的就是這類戰爭故事。
讓宙斯陷入絕境的反叛者之戰、
特洛伊戰爭、戰後返鄉故事等，氣勢磅礴，令人耳目一新！

精彩片段①
特洛伊戰爭
—— 英雄、王族、眾神間烽煙四起

一 直站在世界頂端、君臨天下的宙斯，這次遇到一波接一波的反叛浪潮；最後終於力挽狂瀾，再度稱霸世界。

人類的世界也爆發大戰，那就是「特洛伊戰爭」。和絕世美女海倫有關的紛紛擾擾，引發特洛伊與希臘聯軍的激烈衝突，擴大為長達10年的大戰，連眾神也捲入其中。

精彩片段②
大英雄的活躍與悲劇

希 臘軍攻打特洛伊，起於斯巴達（希臘南部的國家）國王墨涅拉俄斯與特洛伊王子帕里斯之間的紛爭，雙方親友、眾神都紛紛加入戰局。

其中著墨最多的人物是被譽為「希臘最強戰士」的英雄阿基里斯與智勇雙全的將領奧德修斯。他們的出生、成長、冒險旅程與最後結局，如同一齣高潮迭起的戲劇。

精彩片段③
故事是真的嗎？

希 臘神話應該是完全虛構的作品，但對其事實根據的考證，促使伊利歐斯（即特洛伊）遺址的發現（P.128）。雖然該遺址所在地層與故事中的時代不符，但至今仍留存相傳是海倫遺物的黃金飾品，與傳說中是阿格門儂面具的黃金面具（1876年在邁錫尼發現）。

神話中到底哪些是虛構？哪些是史實？在閱讀的過程中思考這個問題，應該會增添不少趣味。

116

3 戰爭時代～特洛伊戰爭與奧德賽

精彩片段① 特洛伊戰爭 —英雄、王族、眾神間烽煙四起—

一切由諸神間的紛爭開始
(P.122)

美女海倫風波不斷,引發激烈衝突!
(P.124)

精彩片段② 大英雄的活躍與悲劇

希臘最強英雄阿基里斯
(P.130)

奧德修斯的艱辛旅程
(P.139)

精彩片段③ 故事是真的嗎?

戰爭結束的關鍵:特洛伊木馬
(P.132)

阿格門儂是真實人物嗎?
(P.134)

117

宙斯的反叛者①
巨人族來襲

登場人物：宙斯、巨人族、赫拉克勒斯

宙斯在泰坦之戰（P.26）中打敗泰坦神族後，取代克羅納斯成為眾神之王，將泰坦神族關在大地最深處的塔爾塔茹斯。對於宙斯囚禁自己的孩子，蓋亞怒不可遏，派遣巨人族展開報復，這場天神與巨人間的戰爭稱為「巨人之戰」。

宙斯陣營在陷入苦戰時收到預言，指示他們必須和人類結盟，於是他們拉攏赫拉克勒斯（P.80）。另一方面，蓋亞支援巨人族，給他們長生不死的藥草，卻遭宙斯連根拔除，使她的計畫落空。於是，在英雄赫拉克勒斯現身戰場、施放毒箭時，無法成為不死之身的巨人族紛紛中箭倒地，眾神因此獲得最後的勝利。

阻止日出，趁機將巨人族亟欲獲得的永生藥草連根拔起。

12神等多位天神加入戰局。

巨人族
烏拉諾斯的生殖器被割斷時，流出的血滴在蓋亞（大地）身上，孕育出巨人族，單一巨人稱為「基迦」。

對於幽禁泰坦神族、奪得統治地位的宙斯，蓋亞站在對立的一方，指使巨人族群起反抗。

蓋亞

宙斯

典故由來
巨人
基迦（Gigas）是英語「巨人」（Giant）的語源。

站在大地母親蓋亞之上時，巨人族擁有不死之身，與眾神對戰時投擲石頭與燃燒的木頭。

後世的藝術作品中，巨人族逐漸演變成蛇腿的形象。

③ 最強幫手赫拉克勒斯報到！

宙斯收到預言，得知奧林帕斯眾神若想贏巨人族，必須和人類結盟。於是，他把和愛克美妮生的兒子赫拉克勒斯拉進自己陣營。赫拉克勒斯加入後，殺了阿爾庫俄紐斯等巨人，表現出色。

若待在自己出生的土地上，阿爾庫俄紐斯就是不死之身。於是，赫拉克勒斯把他從誕生之地硬拉出來殺掉，這是眾神陣營反擊的開始。

雅典娜

說服赫拉克勒斯來幫忙宙斯。讓阿爾庫俄紐斯離開出生之地也是雅典娜的策略。

赫拉克勒斯

阿爾庫俄紐斯
在巨人族之間仍顯得特別高大強壯。

多神參與的循環賽

奧林帕斯眾神總動員，巨人族一一落敗，其殘兵敗將在宙斯的雷霆與赫拉克勒斯的毒箭下被一舉殲滅。

宙斯、赫拉、赫拉克勒斯 VS 巨人波耳費里翁
波耳費里翁對女神赫拉起了色心，意圖靠近加以侵犯，宙斯投出雷霆給予迎頭痛擊，赫拉克勒斯再射出毒箭將他射殺。

阿波羅、赫拉克勒斯 VS 巨人厄菲阿爾特斯
阿波羅射穿厄菲阿爾特斯的左眼、赫拉克勒斯射穿他的右眼，最後他死在箭下。

波賽頓 VS 巨人波呂波特斯
波賽頓拔起科斯島上的巨岩，壓扁波呂波特斯。該地後來形成尼西羅斯島。

雅典娜 VS 巨人恩克拉多斯
雅典娜把西西里島砸到恩克拉多斯頭上，把他壓死，還打敗了帕拉斯（P.38）。

其他
戴奧尼索斯 VS 歐律托斯　　荷米斯 VS 希波呂托斯
黑卡蒂 VS 克呂提俄斯　　　阿特蜜絲 VS 格拉提翁
赫費斯托斯 VS 彌瑪斯　　　莫拉娥 VS 阿格里俄斯

戰爭時代～特洛伊戰爭與奧德賽

119

宙斯的反叛者 ②
最強的敵人 泰風

登場人物：宙斯、泰風、荷米斯

典故由來

颱風：英語單字「颱風」（Typhoon）源自泰風（Typhon）。

圖解說明：
- 高過群山，直達星辰之際。
- 肩上長出100個蛇頭，下半身是一條巨蛇。
- 口中噴火，雙眼也噴出火焰。
- 展開雙臂就能觸及世界的東西邊際。
- 下半身是一條盤繞的毒蛇。
- 沒有逃到埃及，奮勇迎敵。（宙斯）
- 眾神被怪物泰風嚇得逃到埃及。

眾神對戰後，巨人族全軍覆沒，但蓋亞仍不放棄，準備了更強大的怪物迎敵——她和大地深處的塔爾塔茹斯結合，生出泰風。泰風是個巨無霸，他如果只站起來，頭頂會直達天際；雙臂若展開，將觸及世界的兩端。

面對這麼恐怖的對手發動攻勢，連天神也魂飛魄散，有些甚至逃到埃及，或是變身為動物隱藏自己。最後只剩宙斯奮勇迎戰，不過仍然不敵。泰風砍斷了宙斯的手腳筋，把他關進洞穴。荷米斯得到消息後，和潘恩前往營救，把宙斯被藏匿的手腳筋找出來，還給宙斯。宙斯恢復元氣後展開反擊，把泰風追殺到西西里島，鎮壓在埃特納山下。

到此地步，蓋亞終於承認了宙斯眾神之王的地位。

120

荷米斯與潘恩的營救宙斯行動

泰風砍斷了宙斯的手腳筋，把他囚禁在洞穴裡。荷米斯與潘恩前往營救，在熊皮袋裡找到宙斯的手腳筋，安放回宙斯的手腳上。宙斯恢復元氣後放出雷霆反擊，最後將埃特納山丟向泰風，把他壓制在山下。

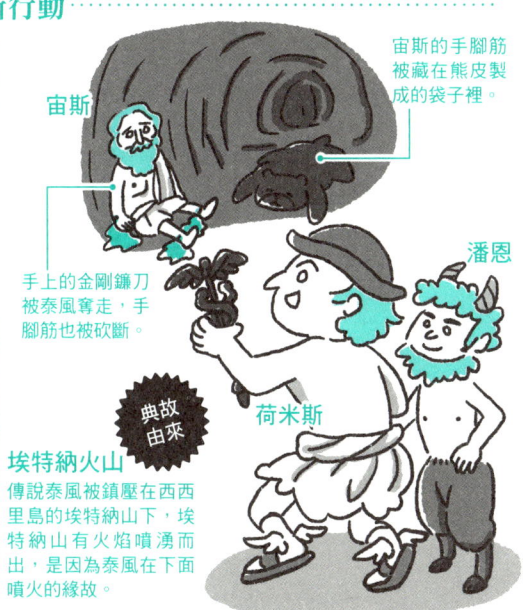

宙斯

宙斯的手腳筋被藏在熊皮製成的袋子裡。

手上的金剛鎌刀被泰風奪走，手腳筋也被砍斷。

潘恩

荷米斯

典故由來

埃特納火山
傳說泰風被鎮壓在西西里島的埃特納山下，埃特納山有火焰噴湧而出，是因為泰風在下面噴火的緣故。

奧林帕斯山
雅典
埃特納火山
埃及

怪物家族之父──泰風出生的傳說

泰風和半人半蛇怪物厄克德娜結合，生出柯柏魯斯、奇美拉等許多怪物。而泰風的出生也有各種傳說，其中一說是蓋亞和塔爾塔茹斯結合所生。

泰風 ═ 厄克德娜

海濁（P.82）
九頭水蛇，頭無論砍斷幾次都會再生，據說中央的頭是不死之身。

柯柏魯斯（P.60）
冥界入口的看守犬，長了三顆頭與蛇尾巴，背上有許多蛇頭。

歐特魯斯
雙頭犬，另有七個蛇頭、一條蛇尾。她替被赫拉克勒斯殺死的葛里昂（P.85）看守牛群。

尼米亞獅子（P.82）　**斯芬克斯**（P.108）

奇美拉（P.90）
上半身是獅子，下半身是山羊，尾巴是蛇的噴火怪物。

出生之說❶
蓋亞所生
巨人族被眾神打敗後，蓋亞十分氣惱，就和塔爾塔茹斯結合生出泰風。

出生之說❷
赫拉與克羅納斯合作的產物
赫拉被蓋亞擺了一道，收下蓋亞給她的兩顆蛋，蛋上塗有克羅納斯的精液，她就這樣生下泰風。

出生之說❸
赫拉獨立生產
赫拉在不藉助男性的情況下單獨生泰風，交給巨蛇皮同撫養。

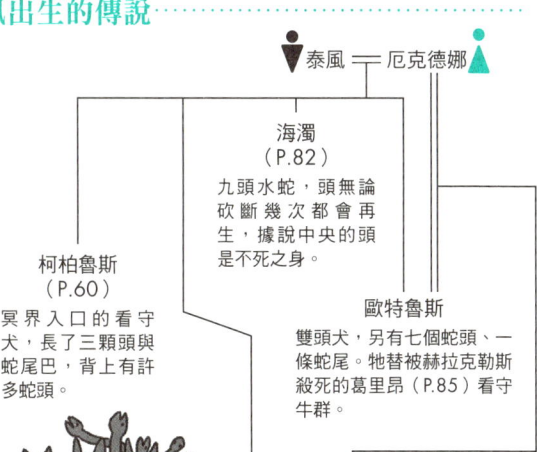

戰爭的序曲

特洛伊戰爭①

英雄時代

登場人物
- 帕里斯
- 赫拉
- 雅典娜
- 阿芙羅黛蒂

宙斯迷戀美麗的海之女神特提斯，但預言指出「特提斯的兒子會比父親更勝一籌」，所以宙斯放棄了特提斯，把她嫁給愛琴娜國王佩琉斯。他們的婚禮邀請了所有天神，獨漏紛爭女神厄里斯。厄里斯懷恨在心，想在喜宴上挑起事端，於是她在席間丟進一顆黃金蘋果，上面寫了「獻給最美的女神」。

宙斯正宮赫拉、智慧與戰爭女神雅典娜、美神阿芙羅黛蒂三位隨即對號入座，說「我就是最美女神」。宙斯為了平息風波，委託特洛伊王子帕里斯來裁定此事。三位女神為了籠絡他，各自承諾要給他寶物做為酬謝。最後，帕里斯選了答應要送他絕世美女的阿芙羅黛蒂，特洛伊戰爭的導火線就此點燃。

厄里斯：夜神倪克斯（P.21）的女兒，人類災禍之母、紛爭女神。未獲邀參加喜宴，就把金蘋果丟進席間洩憤。

阿芙羅黛蒂：美神，以「贈送絕世美女」為條件。

赫拉：宙斯的正宮，答應「給予亞洲的王位」。

雅典娜：智慧與戰爭女神，承諾「讓你百戰百勝」。

帕里斯：別名亞歷山大（Alexandr），Alex是「保護」，Andr則是「人類」，組合起來就是「戰爭上人類的保護者」之意。

後來引發特洛伊戰爭的黃金蘋果。也有一說認為，這場戰爭是宙斯的意思，他想讓希臘與小亞細亞（特洛伊）兩股勢力互相對抗。

3 特洛伊和希臘的兩位核心人物

後來發生的特洛伊戰爭故事中，帕里斯和阿基里斯是初期的核心人物。

核心人物①帕里斯（特洛伊二王子）

特洛伊國王普里阿摩斯收到預言，告知「下一個兒子會使國家滅亡」。不久後帕里斯出生，國王就把他丟棄在伊達山。帕里斯由牧羊人撫養長大，成為俊美挺拔的青年。後來在特洛伊舉辦的運動會上表現優秀，王子身分得到認可。

- 他持有被丟棄山中時所穿的衣服，證實了他的王族身分。

卡珊卓 — 普里阿摩斯的女兒，也是預言家（P.45）。她早早就看出帕里斯是自己的兄弟，將導致國家滅亡。

赫克特 — 特洛伊王子。

德伊福波斯 — 和帕里斯在運動場上對決，敗在他手下。他認為「一個牧羊人竟讓國王顏面掃地」，起了殺害帕里斯的念頭。經由卡珊卓的提醒和帕里斯手上的衣服，才發現他是自己的兄弟。

他們都是帕里斯的手足。

核心人物②阿基里斯（肩負著希臘命運而奮戰的英雄）

佩琉斯國王與海之女神特提斯的兒子。特提斯希望兒子長生不死，就把他浸泡在冥界的斯提克斯河裡，但他的腳踝被特提斯的手握著，沒泡到水，無法成為不死之身。

宙斯選擇佩琉斯國王為特提斯的丈夫。佩琉斯知道此事後，抓住在洞穴休息的特提斯，強迫她答應婚事。

特提斯 — 特提斯美豔絕倫，宙斯、波賽頓都有意和她結為夫妻。但命運注定「特提斯的兒子會比父親更勝一籌」，使他們打消念頭。

典故由來：阿基里斯腱

阿基里斯的腳踝是他的死穴，所以我們把強者的唯一弱點稱為「阿基里斯腱」。

阿基里斯接受過半人馬族賢者凱隆的教導，學習劍術、音樂、醫術等。

凱隆（P.24）

誕生

冥界的斯提克斯河（P.60）。

雙重外遇！

帕里斯與海倫都已婚
帕里斯在被迎回王室之前以牧羊為生，當時已娶了娥諾妮，海倫則是墨涅拉俄斯的妻子。兩人因黃金蘋果而結緣，陷入雙重外遇。

趁墨涅拉俄斯不在家，花言巧語勾引他的妻子，連同斯巴達的財寶一起搶走。

卡珊卓表示反對
預言警示不幸的結局，反對兩人的關係，但他們充耳不聞。

海倫

帕里斯

典故由來

歌德的劇本《浮士德》
19世紀詩人歌德的代表性劇本《浮士德》中，也有海倫的戲分。劇中她是一名絕色美女，擔任鍊金術師的主角浮士德十分迷戀她。

白銀時代

特洛伊戰爭②

開戰的契機

登場人物

帕里斯

海倫

阿芙羅黛蒂依約給了帕里斯一名絕世美女，就是斯巴達國王墨涅拉俄斯的王妃海倫。帕里斯拋棄了住在依達山時娶的妻子——寧芙娥諾妮，由阿芙羅黛蒂帶路，航向斯巴達（P.128）。

帕里斯到達時，不明就裡的墨涅拉俄斯熱烈款待他。但帕里斯實在很不像話，竟然在墨涅拉俄斯外出時對海倫花言巧語，說動她把國家的財寶裝船，跟帕里斯一起去特洛伊。

老婆被拐走，令墨涅拉俄斯怒不可遏，他的哥哥——邁錫尼國王阿格門儂也覺得這是全希臘的恥辱。阿格門儂向特洛伊國王阿摩斯興師問罪，要求送回海倫，否則只有一戰；但普里阿摩斯王對海倫起了惻隱之心，唯恐就這樣讓海倫回去的話，她會被處死，於是決定開戰。

124

3 戰爭初露端倪：海倫的婚姻協議

絕世美女海倫在成為墨涅拉俄斯的王妃之前，就追求者不斷。當她終於要從希臘各地的王子、英雄中選出一人當夫婿時，眾人訂出兩項協議，這正是戰爭的起因。

海倫
父親是變身為天鵝的宙斯，母親是麗達（P.33）。

兩項協議

協議 ❶
無論海倫選了誰，其他人都不得有異議

大批求婚者中，由墨涅拉俄斯雀屏中選，後來他成為斯巴達國王。

協議 ❷
若有人破壞婚姻，現場所有人都要幫助海倫的丈夫

兩人婚後育有一女，後來特洛伊王子帕里斯出現，搶走了海倫。當時參與協議的男子團結一致組成軍隊，演變成特洛伊與希臘間的大戰。

希臘各地的王子和英雄，其中包括奧德修斯（P.127）。

對立的兩個陣營

希臘軍		特洛伊軍
（領導者）阿格門儂 ─兄	VS	（領導者）赫克特 ─兄
墨涅拉俄斯 ─弟		帕里斯 ─弟
阿基里斯 ─好友		普里阿摩斯 ─父
帕特羅克洛斯		埃涅阿斯
奧德修斯		

眾神的介入狀況

希臘軍方：
- 雅典娜 ＼憎惡帕里斯／
- 波賽頓 ＼與普里阿摩斯之父的恩怨／
- 赫拉 ＼憎惡帕里斯／
- 赫費斯托斯 ＼厭惡阿瑞斯／

中立：
宙斯保持中立

特洛伊軍方：
- 阿芙羅黛蒂 ＼感謝帕里斯／
- 阿波羅 ＼憎恨阿格門儂／
- 阿瑞斯 ＼遵從阿芙羅黛蒂／

希臘軍集結在奧利斯，但因為阿特蜜絲施咒，沒有一絲風動，船遲遲無法起航。

解救

施咒

阿特蜜絲

典故由來

歌劇作品《伊菲姬妮在陶里德》
18世紀作曲家葛路克的歌劇作品，以伊菲格納亞的故事改編而成。

伊菲格納亞

阿格門儂

伊菲格納亞把心一橫，登上祭壇。阿特蜜絲此時心生憐憫，在最後關頭救下她。此後，她成為阿特蜜絲的女祭司。

邁錫尼國王、墨涅拉俄斯的哥哥、希臘軍總司令。為平息女神阿特蜜絲之怒，他忍痛將女兒伊菲格納亞獻祭。

英雄時代
特洛伊戰爭③
開戰前夕——神諭與徵召

登場人物

阿格門儂

伊菲格納亞

奧德修斯

阿基里斯

開戰了，希臘各地的國王、英雄紛紛響應總司令阿格門儂的號召，參加的人數超過10萬。大英雄奧德修斯、阿基里斯雖然一開始缺席，但不久也加入行列。

不過，到了該出發的時刻，風卻突然停了，無法起航。預言家卡爾卡斯請示神諭，得知這是由於阿格門儂殺了女神阿特蜜絲的聖鹿，觸怒了女神；必須把女兒伊菲格納亞獻祭，女神的怒氣才會平息，風才會再起。

阿格門儂以「要讓女兒嫁給阿基里斯，婚禮已籌備好」為理由，把女兒騙過來。伊菲格納亞發覺上當後，雖然憤怒，但為了父親，還是登上山丘上的祭壇，成為活祭品。隨後風起，希臘兵爭先恐後跳上船，航向特洛伊。

126

核心人物❶ 奧德修斯：裝瘋扮傻拒絕參戰

阿格門儂派遣使者帕拉墨得斯來說服奧德修斯參戰，但奧德修斯當時結婚了，無心上戰場，就裝成瘋瘋顛顛的樣子，把犁套在一頭牛和一隻驢子身上，牽著牠們耕田。不過，當使者把他的兒子，當時還是嬰兒的特勒馬庫斯推到犁前，奧德修斯卻不著痕跡的避開，露出了馬腳。

伊薩卡國王、全希臘最足智多謀的將領，海倫的婚姻協議也是他的主意。

斯巴達國王伊卡里奧斯的女兒。海倫結婚時，奧德修斯獻出良策，因而結緣，成為他的妻子。

奧德修斯對他懷恨在心，後來設計害死了他。

潘妮洛普

帕拉墨得斯

奧德修斯

特勒馬庫斯

把犁套在牛和驢子身上耕田。

奧德修斯和潘妮洛普的兒子。

從潘妮洛普手中把嬰兒搶過來，推到犁前。

核心人物❷ 阿基里斯：收到死亡預言，扮女裝藏匿

特提斯（P.123）收到預言，指出她的兒子阿基里斯將死於特洛伊。於是她要阿基里斯打扮成女孩子，混進司基洛島的城堡中，和公主們過活。奧德修斯喬裝成商人來到宮裡，把裝飾品和刀劍一字排開展示時，阿基里斯情不自禁拿起刀劍把玩，身分因而曝光。

公主們的目光被衣服、裝飾品吸引，只有阿基里斯拿起刀劍。

典故由來

希臘軍派奧德修斯前來搜查尋找阿基里斯。奧德修斯扮成商人，假裝宮中有要務在身，混進城內。

歌劇《司基洛島的阿基里斯》

阿基里斯扮女裝時期的戀愛故事，由活躍於18世紀前半的作曲家薩羅譜成歌劇《司基洛島的阿基里斯》。

阿基里斯

男扮女裝，藏身在司基洛島國王呂科墨得斯的宮裡。這段期間，他愛上公主德伊達彌亞，和她生下兒子納普托勒摩斯。

希臘軍與養成之地

希臘各地眾多武將匯集，加入希臘聯軍。

- 特洛伊
- 利姆諾斯島
- 希臘軍的目的地
- ❺ 帖撒里亞
- ❽ 費拉克
- ❷ 佛提亞
- ❻ 羅克里斯
- ❸ 伊薩卡
- 雅典
- ❶ 邁錫尼
- ❾ 薩拉彌斯
- ❼ 納夫普利翁
- ❹ 斯巴達

希臘在奧利斯集結，朝特洛伊進軍。

典故由來

伊利歐斯遺址
1873年，考古學家施里曼發掘了伊利歐斯（特洛伊）遺址，其中有符合特洛伊戰爭傳說的廢墟，表示這場戰爭可能是真實事件。

希臘軍主要武將

- ❶ 阿格門儂
- ❷ 阿基里斯、帕特羅克斯
- ❸ 奧德修斯
- ❹ 墨涅拉俄斯
- ❺ 斐洛克特底
- ❻ 小埃阿斯
- ❼ 帕拉墨得斯
- ❽ 普羅特西拉俄斯
- ❾ 大埃阿斯

英雄時代

特洛伊戰爭 ④ 正式開戰！

登場人物
- 阿格門儂
- 阿基里斯
- 帕里斯
- 墨涅拉俄斯

希臘軍登陸特洛伊後，開始排山倒海的攻擊。不過，特洛伊方面也有王子赫克特領軍，從鄰國召集了大批同盟軍，聲勢浩大。雙方在難以攻克的特洛伊城前持續攻防，互有勝負。

不久，戰事進入膠著狀態，長達9年。這段期間在希臘軍內部，總司令阿格門儂與英雄阿基里斯發生爭執，阿基里斯退回自己的營地，拒不出戰；奧德修斯前來當說客，還是說不動他。希臘軍失去一名大將，士氣低落。此時特洛伊軍乘勢發動大規模進攻，把希臘軍逼入絕境。另一方面，引爆戰爭的帕里斯單挑墨涅拉俄斯，試圖藉此解決爭端。帕里斯一敗塗地，但戰爭依然持續進行。

128

③ 為海倫拚了！帕里斯VS墨涅拉俄斯

為了讓戰爭有個結果，帕里斯與墨涅拉俄斯以單挑決一雌雄。結果帕里斯戰敗，落荒而逃，墨涅拉俄斯展開追擊。此時，特洛伊著名弓箭手潘達羅斯朝墨涅拉俄斯射箭，重新挑起戰端。

帕里斯的盟友（P.122）。在墨涅拉俄斯抓住帕里斯的頭盔，生死存亡的一刻，阿芙羅黛蒂把帕里斯下巴的扣子鬆開，救了他一命。

墨涅拉俄斯
阿芙羅黛蒂
帕里斯

希臘軍其他武將 殺入敵軍的隊長

普羅特西拉俄斯
他知道第1個登陸特洛伊的人注定戰死，但還是一馬當先，結果被赫克特奪走性命。

被毒蛇咬傷的斐洛克特底
被毒蛇咬傷後，傷口發出惡臭，被同伴棄置在利姆諾斯島。10年後，因為希臘軍需要他精湛的射箭技術，他才總算回到特洛伊戰場。

因為奪妻之恨，他答應和帕里斯一對一決鬥。他輕鬆的把怯懦的帕里斯逼到無路可逃，但在即將給他致一擊前卻被他逃走了。

因俘虜（愛妾）而爆發內部對立

阿格門儂強搶阿波羅神殿祭司克律塞斯的女兒，納為姬妾，導致希臘軍中瘟疫蔓延。阿基里斯勸他讓祭司女兒回去，她回去之後，阿格門儂卻搶走阿基里斯的姬妾布里賽絲做為補償，使阿基里斯憤而脫離戰線。

俘虜（妾）是勝利的證明＝戰利品

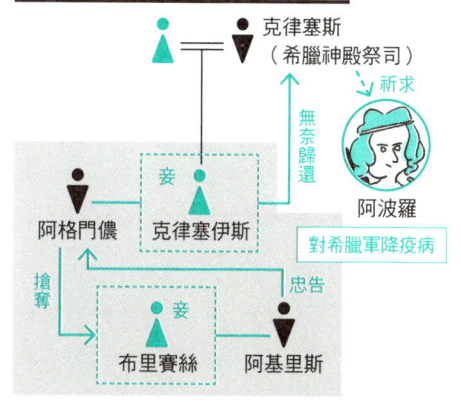

克律塞斯（希臘神殿祭司）
無奈歸還
阿格門儂　克律塞伊斯　妾
祈求　阿波羅　對希臘軍降疫病
搶奪　忠告
布里賽絲　妾　阿基里斯

阿格門儂強娶克律塞伊斯為妾
克律塞伊斯遭希臘軍俘虜，她的父親因悲傷而祈求阿波羅對希臘軍降下災禍。
↓
阿波羅對希臘軍降疫病
阿波羅聽到禱告之後，把瘟疫擴散到希臘軍中。面對這樣的危機，阿基里斯勸阿格門儂送還俘虜。
↓
阿格門儂歸還克律塞伊斯，奪走阿基里斯的妾做為補償
↓
阿基里斯憤而脫離戰線

神的立場

特提斯
要求赫費斯托斯幫兒子阿基里斯製造武器。

阿波羅
現場觀看阿基里斯的猛烈攻勢，支援特洛伊軍。

宙斯
採取中立，但用黃金天秤決定了赫克特的死亡命運。

瞄準赫克特鎧甲的縫隙，一舉將長矛刺入。

除了盾牌之外，胸甲、頭盔、護腿等也是赫費斯托斯製造的。

阿基里斯

赫克特

特洛伊軍最勇猛的大將。他知道阿基里斯上陣時，一開始雖然東躲西藏，但特洛伊軍隊墜入下風後，他並未逃進城內，而是等待阿基里斯的到來，與他正面對決。

赫費斯托斯打造的盾牌
由多個圓形疊加而成，上有精美的裝飾。

- 太陽、月亮、星辰、大地
- 兩個城市
- 耕作與收穫、摘葡萄的情景
- 牧場風景、跳舞的人們
- 洋流

側面圖

英雄時代　特洛伊戰爭⑤

阿基里斯的回歸與猛進

登場人物：阿基里斯、帕特羅克斯、赫克特

阿基里斯不肯回前線，他的好友帕特羅克斯心急如焚，穿上阿基里斯的盔甲跳進戰場。特洛伊軍見狀，以為阿基里斯回來了，個個心驚膽戰；希臘軍方面則恢復了鬥志，把特洛伊軍直逼到城門附近。不過，特洛伊總司令赫克特膽識過人，立即撲過去，砍下帕特羅克斯的頭。

聽到摯友的噩耗，阿基里斯悲憤交加，渾身戰慄。他與阿格門儂和解，重新披甲上陣，對特洛伊軍發動猛攻。

特洛伊軍逃進城郭內，改由赫克特迎戰，和阿基里斯形成一對一的局面。阿基里斯用長矛穿過赫克特鎧甲的縫隙，刺進他的頸部，為摯友報了仇。

130

3 友情讓阿基里斯回歸戰場

至交帕特羅克斯的死，促使阿基里斯回戰場為他報仇。

少年時代的交情
帕特羅克斯由佩琉斯王撫養長大，而阿基里斯是佩琉斯王的兒子；兩人結為好友，一起成長。據說他在特洛伊戰爭受傷時，阿基里斯親手為他療傷。

穿阿基里斯的鎧甲上陣
帕特羅克斯眼看希臘軍因為阿基里斯不在而陷入困境，就穿上阿基里斯的鎧甲奔赴戰場。特洛伊軍誤以為是阿基里斯出陣，驚慌失措，但後來赫克特擊敗了他。

帕特羅克斯 ←摯友→

報仇：拖著赫克特的屍體遊街
赫克特殺死帕特羅克斯之後，阿基里斯和他決鬥。等到大仇得報，阿基里斯就把他的屍體雙腿綁在戰車後面，拖著遊街示眾。

↓

歸還遺體
赫克特的父親普里阿摩斯潛入希臘軍的陣地，面對面懇求阿基里斯把兒子的遺體還給他。

典故由來

為悼念帕特羅克斯而舉辦的運動會→奧運
阿基里斯火化了帕特羅克斯之後，舉辦運動會為他送葬，包括弓箭、標槍、拳擊等項目，也有人認為這是奧運的起源。

兩人死後骨灰葬在同一墓穴。

赫克特陣亡後的特洛伊兵力

赫克特死後，特洛伊軍震懾於阿基里斯的威勢而龜縮在城內，此時亞馬遜族前來支援。

典故由來

亞馬遜河
南美洲的亞馬遜河是以亞馬遜族的名稱命名。

阿基里斯為女王美麗的遺容而嘆息。

援軍❶

亞馬遜軍隊：鵬得西莉亞
亞馬遜族女王鵬得西莉亞率領亞馬遜女戰士，組成援軍來到戰場。據說她之所以來幫助特洛伊，是因為她從前誤殺朋友時，特洛伊王普里阿摩斯曾為她洗清罪孽。

援軍❷

衣索比亞王曼儂
女神伊爾絲（P.23）的兒子，因為父親的關係而率領大軍前來攻擊希臘軍。

↓

兩支援軍都敗於阿基里斯之手
鵬得西莉亞被阿基里斯刺中右乳房而死；曼儂雖擊敗了希臘軍的武將，但在和阿基里斯對決時被殺。

鵬得西莉亞

英雄時代
特洛伊戰爭⑥
結束戰爭的策略

登場人物
- 阿基里斯
- 帕里斯
- 奧德修斯

NO!

卡珊卓
反對將木馬搬進城。

典故由來

特洛伊木馬
有一種以巧妙的欺騙方式潛入電腦的惡意程式，稱為「特洛伊木馬」病毒，典故即來自希臘軍欺騙特洛伊人用的木馬。

由奧德修斯構思設計。

奧德修斯和50名勇士（也有一說是300人）。

勞孔
阿波羅神殿的祭司。他大聲疾呼「木馬內藏了希臘兵」，但有兩隻巨蛇突然現身，把他連同兩個兒子一起勒死。古希臘著名雕刻作品《勞孔像》表現了這個場景。

阿基里斯回歸戰場後，特洛伊軍便處於挨打地位。在這樣的困境中，帕里斯射箭命中阿基里斯的唯一弱點——腳踝，阿基里斯一命歸天。

奧德修斯召回當年被丟包在利姆諾斯島的斐洛克特底，他回歸戰場後，用赫拉克勒斯致贈的毒箭射中帕里斯。帕里斯向前妻娥諾妮求助，但遭拒絕，最後毒發身亡。

失去赫克特、帕里斯兩名大將後，特洛伊城池仍固若金湯，此時奧德修斯想出一個致勝妙計。他命人製造一個巨大的木馬，留在海岸邊，軍隊全員則藏匿在附近的島嶼後面。特洛伊軍以為敵人已撤退，便將木馬運回城內當戰利品，並舉辦宴會慶祝。但其實木馬內部藏有希臘戰士，他們在夜深人靜後出來發動攻擊，城外待命的士兵也同時大舉攻入，特洛伊一夜之間淪陷。

132

③ 看不到特洛伊淪陷，阿基里斯壯志未酬

特洛伊軍節節敗退之時，帕里斯射箭命中阿基里斯的唯一弱點——腳踝，希臘英雄阿基里斯尚未看到特洛伊淪陷，生命就草草結束。

死期

阿基里斯中箭後一度失去意識，但仍再站起來，又打倒許多敵人，直到耗盡了體力，才轟然倒地。

帕里斯

阿基里斯武器繼承的糾紛

關於阿基里斯遺留的武器該由誰繼承，希臘軍中爆發爭議。最後，奧德修斯以如簧之舌說服眾人，得到武器。落空的大埃阿斯極為憤怒，視為奇恥大辱，最後精神崩潰而自殺。

阿波羅支持特洛伊軍，在他的引導下，帕里斯射出的箭直飛阿基里斯的要害。

藏在木馬中的希臘軍展開攻勢

特洛伊人把木馬運進城內，到了深夜，特洛伊人進入夢鄉時，藏在木馬內的希臘士兵跑出來，打開城門，和城外待命的軍隊裡應外合，特洛伊一夜失守。

奧德修斯等希臘士兵躲在木馬內部。

斐洛克特底的箭也立了大功

射箭高手斐洛克特底（P.129）離開利姆諾斯島，到特洛伊重新加入希臘軍隊，用弓箭取了帕里斯的性命，功不可沒。

死期
帕里斯

西諾
潛入特洛伊的希臘士兵。他看準時機打開木馬腹部的暗門，讓裡面的士兵出來，然後爬上瞭望台，燃起狼煙，向城外的希臘軍發送攻擊訊號。

特洛伊戰爭⑦

英雄時代

戰後的希臘軍

登場人物
- 阿格門儂
- 克呂泰涅斯特拉
- 埃癸斯托斯

克呂泰涅斯特拉：和阿格門儂是堂兄弟，過去就因爭奪王位而決裂。因為企圖殺害阿格門儂，就在他出征期間勾引克呂泰涅斯特拉。

埃癸斯托斯

阿格門儂：死期——走出浴室，剛要穿上浴衣時遭襲擊。

卡珊卓：特洛伊公主卡珊卓被阿格門儂納為妾帶回國，也和他一起被殺。

丈夫阿格門儂為趕赴前線而把女兒獻祭（P.126），讓她無法諒解。

特洛伊戰爭歷時10年，最後由希臘軍取得勝利。

戰後，希臘軍俘虜了特洛伊的女人，男性則不分老幼一概虐殺，整座城市燒毀殆盡。

希臘士兵忙著分配金銀財寶和女人，而其中一名士兵——小埃阿斯跑去雅典娜的祭壇，把逃到裡面的卡珊卓硬拖出來性侵，觸犯了神的禁忌。因此，希臘軍的歸國旅途多災多難。從特洛伊出航的船隻有1000多艘，平安歸國的不過數十艘。

回國的人也遭逢厄運。例如，總司令阿格門儂雖順利回到邁錫尼，但他的妻子克呂泰涅斯特拉因為無法饒恕他把女兒伊菲格納亞獻祭的事，在他出征期間就紅杏出牆，最後和情夫埃癸斯托斯合謀殺了他。

3 厄勒克特拉與俄瑞斯托斯的復仇

阿格門儂有個名叫厄勒克特拉的女兒，和名叫俄瑞斯托斯的兒子。阿格門儂死後，厄勒克特拉遭母親和埃癸斯托斯虐待，弟弟俄瑞斯托斯則被送往他國。後來她和弟弟聯手殺了這兩人，為父報仇。

小時候在國外生活，長大後回國祭拜父親阿格門儂。

她看到父親墳前供著一縷髮束，確信弟弟還活著。

姊弟

俄瑞斯托斯的弒母案審判

俄瑞斯托斯闖入宮殿，手刃母親和她的情夫，因弒母之罪而受復仇女神詛咒。後來，他在雅典的亞略巴古（P.53）接受審判，獲判無罪。

俄瑞斯托斯

典故由來

厄勒克特拉情結

指女兒依戀父親，而對母親表現出反感。這是心理學家榮格提出的概念，以厄勒克特拉的名字命名。

厄勒克特拉

殺害
↓
阿格門儂 ─ 克呂泰涅斯特拉 （外遇） 埃癸斯托斯

殺害（P.126）

伊菲格納亞　克呂索特彌斯　厄勒克特拉　俄瑞斯托斯
　　　　　　　　　　　　　　　　　　　　殺害

埃癸斯托斯強迫她嫁給農夫。她去祭拜父親後，不久就和俄瑞斯托斯重逢。

其他希臘軍

希臘軍雖然從特洛伊凱旋而歸，但許多戰士在回鄉路上吃了不少苦頭。

墨涅拉俄斯和海倫（P.124）	特洛伊陷落之際，海倫和墨涅拉俄斯重聚並言歸於好。他們想一起回鄉，不過船的舵手去世了，又遇到暴風雨，他們花了8年的時間才回到斯巴達。
小埃阿斯	卡珊卓逃到雅典娜祭壇時，小埃阿斯侵犯了她，這種不敬的行為觸怒了神明，所以他在回希臘的路上遭遇暴風雨，被閃電擊中而死。
戴歐米德斯	阿古斯國王狄俄墨得斯在雅典娜的守護下平安返鄉，但王位已被奪走。於是他和部屬遠走義大利，跟普利亞的公主結婚。
涅斯托爾	老將涅斯托爾在戰爭中失去長子托爾安提洛科斯，不過他還是順利回到故鄉皮洛斯，安然度過晚年。
卡爾卡斯	有預言指出，卡爾卡斯若遇到比自己優秀的預言家，就必死無疑。果不其然，他和特伊西亞斯的孫子摩普索斯較量預言能力，敗下陣來，羞憤而死。
斐洛克特底（P.129）	殺死帕里斯的斐洛克特底相傳在回航時漂流到南義大利，在克羅敦附近建立克里彌薩城。

- 阿芙羅黛蒂變身為凡人女子，和特洛伊王族安基塞斯結合，生下埃涅阿斯。
- 特洛伊的王城、街道及城市都被火焰吞噬。
- 安基塞斯
- 克柔薩
- 背著行動不便的老父，牽著兒子逃亡。
- 特洛伊國王普里阿摩斯的女兒、埃涅阿斯的妻子，在煙霧瀰漫的昏暗街區和家人走散。
- 埃涅阿斯
- 厄斯卡涅斯
- 在伊達山出生，由寧芙撫養到5歲，才回到父親安基塞斯身邊。特洛伊戰爭中，他是僅次於赫克特的重要武將（P.125）。

英雄時代

特洛伊戰爭⑧ 戰後的特洛伊

登場人物
- 埃涅阿斯
- 安基塞斯
- 克柔薩
- 厄斯卡涅斯

特洛伊陷落時，王族安基塞斯的兒子埃涅阿斯得到波賽頓的神諭：「你是為了延續特洛伊的血脈而生。」當時，埃涅阿斯仍率領少數士兵，試圖做最後的抵抗；但後來國王普里阿摩斯被阿基里斯的兒子納普托勒摩斯刺殺，赫克特的遺孤亞提安那克斯也被推落城牆，他才終於認清現實，決定逃出特洛伊。

逃亡途中，他一路背著行動不良於行的父親安基塞斯，手牽著兒子厄斯卡涅斯，但與妻子克柔薩在中途走散。

前途茫茫的他們上了船，想著要航向提洛島或克里特島；但不久他在夢中得到神的指示，便決定前往義大利。歷經千辛萬苦，他才終於抵達義大利，建立起新城市，成為羅馬建國者的始祖。

埃涅阿斯流亡義大利

維吉爾的敘事詩《伊尼亞德》述說了埃涅阿斯亡命義大利的故事。

埃涅阿斯逃出特洛伊後，途經提洛島、克里特島等地，最後在義大利的拉丁姆登陸。後來，他和當地國王拉丁努斯的女兒拉維尼亞結婚，建立新城市拉維尼。

埃涅阿斯的後代羅穆盧斯建立羅馬

埃涅阿斯的後代中有一對雙胞胎兄弟：羅穆盧斯和瑞摩斯，一般認為羅穆盧斯建立了羅馬。

因戰爭而失去一切的悲劇人物：赫古巴王妃

特洛伊國王普里阿摩斯的妻子，原本兒女成群，享受天倫之樂與榮華富貴，但被戰爭奪走了一切。戰後，她成為奧德修斯的俘虜。她將幼子波呂多洛斯托人照顧，原本還寄望他能倖存，但卻在海岸邊發現他被浪沖上來的屍體。

於是，她剜去照顧者的雙眼，還殺了他的兒子們，為波呂多洛斯報仇。

赫古巴的子孫及後續

赫古巴有多名子女喪生，兒子特洛伊羅斯被阿基里斯所殺，德伊福波斯死於墨涅拉俄斯之手，波利克瑟娜被當做活祭品獻給神；不過，赫勒諾斯娶了赫克特的妻子安德洛瑪姬，在伊庇魯斯（上地圖）建立了新都市。

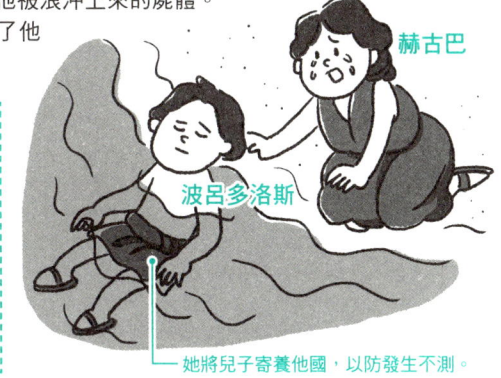

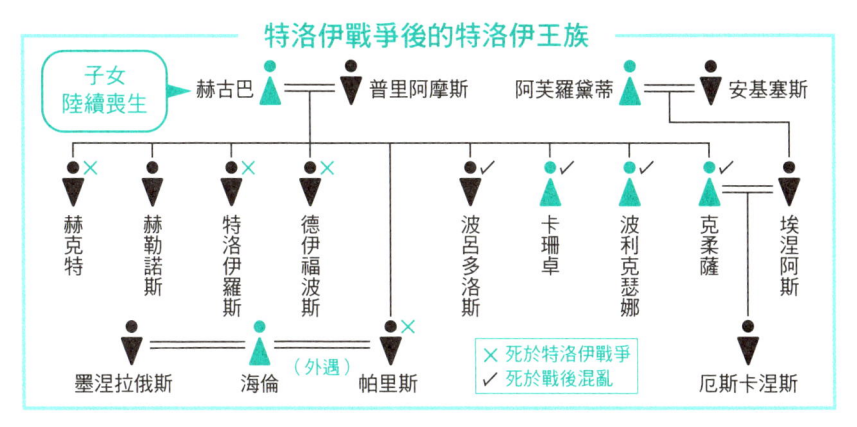

她將兒子寄養他國，以防發生不測。

特洛伊戰爭後的特洛伊王族

× 死於特洛伊戰爭
✓ 死於戰後混亂

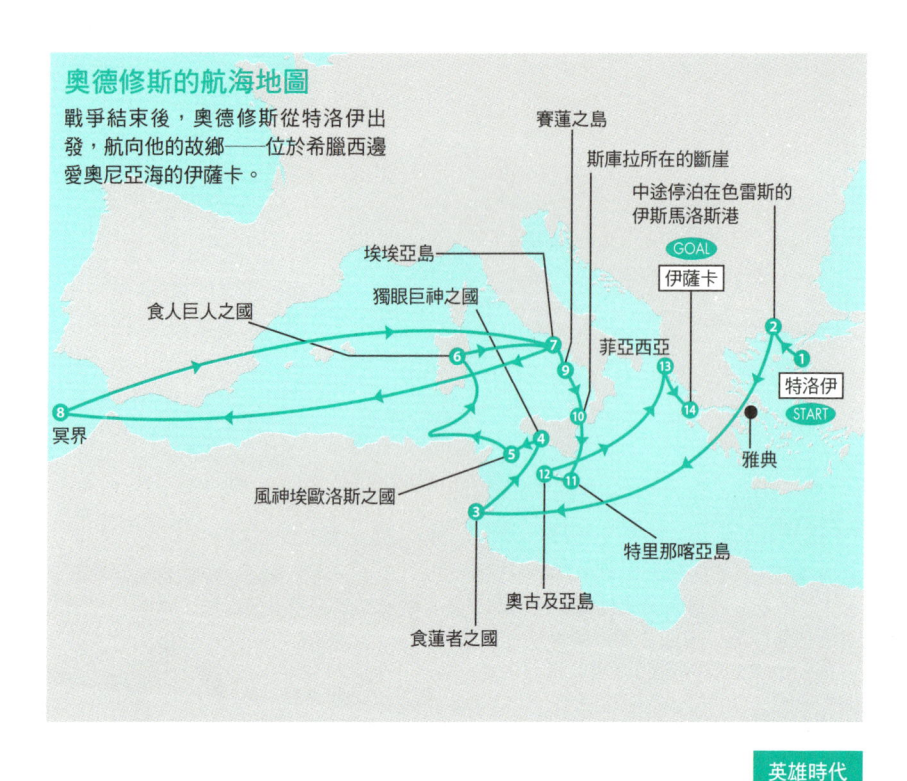

奧德修斯的航海地圖

戰爭結束後，奧德修斯從特洛伊出發，航向他的故鄉——位於希臘西邊愛奧尼亞海的伊薩卡。

地圖標示：
- 賽蓮之島
- 斯庫拉所在的斷崖
- 中途停泊在色雷斯的伊斯馬洛斯港
- 埃埃亞島
- 獨眼巨神之國
- 食人巨人之國
- 菲亞西亞
- GOAL 伊薩卡
- 8 冥界
- 風神埃歐洛斯之國
- 特里那喀亞島
- 奧古及亞島
- 食蓮者之國
- 特洛伊
- START
- 雅典

英雄時代

奧德修斯的艱辛旅程①

曲折漫長的回鄉之路

登場人物
希：奧德修斯

臘軍的歸國旅途飽經磨難，其中最慘的就是想出木馬屠城計，讓希臘軍獲勝的最大功臣——奧德修斯。

奧德修斯滿載戰利品，從特洛伊出發，航向妻子潘妮洛普和兒子特勒馬庫斯所在的故鄉伊薩卡。不過，前方有許多怪物在等著他；包括會吃人的獨眼巨人波呂斐摩斯、用歌聲迷惑水手的賽蓮海妖、會把船拖入海中的卡律布狄斯和斯庫拉等。最後，他失去所有船隻和夥伴，在海上漂泊了10年之久。而伊薩卡的人們都以為他已不在人世，大批人湧進宮中，想向他的妻子潘妮洛普求婚。

西元前8世紀的詩人荷馬寫了長篇敘事詩《奧德賽》，述說奧德修斯的回鄉故事。

138

奧德修斯的冒險

在朝故鄉伊薩卡前進的路上，有各種困難在等著他。

START

奧德修斯

❶ 從特洛伊出發
20艘船組成船隊，滿載戰利品，意氣風發的從特洛伊啟程。

❸ 食蓮者之國

甘美的果實令人無法自拔
船隊遇到暴風雨，漂流到食蓮族居住的島上。那裡有一種甘甜的蓮花果實，據說吃了會讓人喪失記憶。奧德修斯的夥伴們吃了它，忘記要回鄉的事，奧德修斯就硬把他們帶回船上，開船離去。

❹ 獨眼巨神之國

被關在巨人的洞穴裡，生死一線間！
登上獨眼巨神的島嶼後，他們被巨人波呂斐摩斯關在洞穴裡。奧德修斯請巨人喝酒，騙他說自己的名字是「沒有人」，趁巨人爛醉如泥時，奧德修斯用木頭刺進他的眼睛，逃出洞穴。當時巨人的同伴問他，是誰傷害了他，他回答「沒有人」，同伴就不再過問。

詛咒
父子

波賽頓的詛咒
海神波賽頓因兒子波呂斐摩斯唯一的眼睛被刺瞎，氣憤不過，給奧德修斯一行人更多嚴酷考驗。

波呂斐摩斯

裝著風的袋子被打開後，逆風盡數呼嘯而出，把他們吹回出發點。

典故由來 伊奧利亞群島
伊奧利亞群島排列在西西里島北方，其名稱來自風神埃歐洛斯。

❺ 風神埃歐洛斯之島

正想著要乘風而歸……
到達風神埃歐洛斯的島嶼時，風神給了他們一個袋子，各種阻礙航行的風都被封存在裡面。有了這個袋子後，他們就一帆風順。但到了伊薩卡附近時，同行者中有人誤以為袋中裝了財物，偷偷打開了袋子。

GOAL?

❻ 食人巨人之國

被食人族追殺，夥伴死傷慘重

他們漂流到食人巨人——萊斯特律戈尼安人的島嶼。巨人對船投擲巨石，石頭如大雨般落下，溺水者就被巨人串在一起吃掉，只有奧德修斯的船倖免於難。

❼ 埃埃亞島

喝了女巫瑟西的酒，被變成動物了！

一行人到達埃埃亞島後，受到女巫瑟西的熱情招待。但他們喝了酒以後，就被變成豬了，只有奧德修斯吃避邪藥，逃過一劫。隨後，他用藥讓夥伴一一回復人形。瑟西對奧德修斯青睞有加，所以他們在那裡待了1年。

為了偵察島嶼，夥伴們首先來到了基爾克的宮殿。

夥伴

假裝歡迎他們的樣子，卻暗中施法。

瑟西

被瑟西用魔法變成豬。

❽ 冥界

召喚預言家泰瑞西亞斯的靈魂

離開埃埃亞島後，奧德修斯依照瑟西的建議，前往冥界拜訪預言家泰瑞西亞斯。泰瑞西亞斯告訴他，因為他們觸怒波賽頓，今後旅途依舊艱險，但並非回不了家。

一般認為冥界位於世界最西邊。

泰瑞西亞斯

底比斯知名預言家，曾揭露伊底帕斯的身世（P.110）。

泰瑞西亞斯死後仍有預言能力，奧德修斯向他探問未來。

❾ 賽蓮之島

美聲怪物
賽蓮的誘惑

賽蓮海妖住在西西里海的島上，她會用美妙歌聲迷惑水手，導致船難。所以在經過此處時，奧德修斯要夥伴們塞住耳朵，並將自己綁在桅杆上動彈不得。他聽到歌聲時雖奮力扭動，但無法掙脫，所以和夥伴們都平安脫險了。

> **典故由來 警報器**
>
> 警報器（Siren）這個字源自賽蓮海妖的名字（Siren）。賽蓮的動聽歌聲令人銷魂，星巴克也自許「咖啡香令人銷魂」，因此以賽蓮的形象做為品牌標誌。

除了奧德修斯，大家都用蠟塞住耳朵。

賽蓮
賽蓮海妖有女人的頭和鳥的身體，歌聲悅耳引人入勝。

波賽頓對奧德修斯餘恨未消。

❿ 斯庫拉所在的斷崖

殘酷2選1：
斯庫拉或卡律布狄斯？

他們來到一個海峽，兩邊都有怪物，一邊是卡律布狄斯，一邊是斯庫拉。奧德修斯照瑟西的指示，選擇靠近斯庫拉那一邊，讓斯庫拉的6張血盆大口吞噬6名士兵，他的船才得以順利穿越海峽。

此時奧德修斯家裡是什麼情況呢？

求婚者排山倒海，妻子潘妮洛普陷入大麻煩

在伊薩卡的家裡，奧德修斯的妻子潘妮洛普相信丈夫會回來，對婚姻依然忠貞不渝。她對潮水般的求婚者說，她要先把公公的壽衣織好，才能給大家答案；不過，她白天織衣服，夜晚就把布拆掉，以拖待變。

潘妮洛普

她相信丈夫會平安歸來，以織衣服為藉口爭取時間。

⓫ 特里那喀亞島

惹火了太陽神赫利歐斯，導致沉船

一行人登上特里那喀亞島。奧德修斯告誡大家，不可吃島上的神聖動物，但大夥當耳邊風，還是偷吃了太陽神赫利歐斯的牛，觸怒了天神，以致船一出海就沉入海底。

卡律布狄斯是個漩渦狀怪物，會不斷吞噬和吐出所有接近她的東西，包括船隻。

被卡律布狄斯的漩渦吞沒，獨存一人

奧德修斯抱著槳杆，又漂流到卡律布狄斯所在的海峽，正好遇上她張口吞噬的時刻。當時奧德修斯緊緊抓著頭上方的樹，才死裡逃生，成了唯一的倖存者。

⓬ 奧古及亞島

困在寧芙卡麗普索的溫柔鄉

奧德修斯漂流到寧芙卡麗普索居住的島上，後來兩人逐漸親近，相伴度過7年歲月（年數說法不一）。不過，眾神還是希望奧德修斯的歸鄉之旅能夠繼續，便派遣荷米斯去開導卡麗普索放行。卡麗普索對奧德修斯開出條件：「如果你留在島上，我會讓你長生不死。」但奧德修斯拒絕了，表示「寧願選擇生命有限的凡人妻子」，於是又開始他的旅程。

宙斯派他來拜訪卡麗普索，催促奧德修斯快出發。

卡麗普索
阿特拉斯（P.27）的女兒，也有一說是赫利歐斯（P.23）的女兒，和擔任使女的寧芙們一起在奧古及亞島生活。

荷米斯

142

波賽頓阻擋回家之路

奧德修斯乘著木筏離開卡麗普索的島嶼，在接近故鄉時，波賽頓看到了他，火冒三丈，掀起一陣暴風雨。結果，奧德修斯的木筏被摧毀，人也掉進海裡。此時，海之女神琉科泰婭出手相助，他就漂流到了菲亞西亞人的國度。

波賽頓

奧德修斯從奧古及亞島出發時，波賽頓還在衣索比亞。所以當他發現奧德修斯已接近伊薩卡，不禁暴跳如雷。

波賽頓掀起暴風雨，導致奧德修斯落海。

⓭ 菲亞西亞

聽了吟遊詩人的歌聲感傷落淚，透露身分

菲亞西亞國王阿爾契努斯的女兒瑙西卡救了奧德修斯，並邀請他到王宮。宴席上，吟遊詩人彈唱特洛伊戰爭的故事，奧德修斯聽了心潮澎湃，不禁淚下。於是他表明自己的身分，向在場眾人說出他這趟艱苦旅程的所有情節。

吟遊詩人 / **阿爾契努斯國王** / **瑙西卡**

四處旅行，吟唱詩歌。

GOAL

⓮ 伊薩卡

20年的旅程結束

出於對英雄奧德修斯的尊敬，阿爾契努斯國王準備了一艘豪華氣派的船，送他回伊薩卡。

典故由來

喬伊斯的《尤里西斯》

詹姆士・喬伊斯的小說《尤里西斯》被稱為20世紀不朽名作，其結構、角色都是以《奧德賽》為藍本。

《風之谷》的娜烏西卡

電影《風之谷》（原作：宮崎駿）主角娜烏西卡的名字來自瑙西卡公主。

英雄時代
奧德修斯的艱辛旅程②
回鄉後的火拼

尤利多斯的弓
奧德修斯愛用的那把弓是弓箭高手尤利多斯給他的,非常堅固,一般人連拉都拉不開。

20年來一直在等待丈夫回家。據說奧德修斯屠殺求婚者時,她還在睡夢中。

奧德修斯與潘妮洛普的兒子。他知道喬裝成流浪漢的人是他父親,便武裝在旁戒備。

特勒馬庫斯

潘妮洛普

12個斧片排成一列,潘妮洛普開出的條件是一箭射穿斧片上的12個小孔。

隱藏身分,喬裝成流浪漢,拉弓射箭前的奧德修斯。隨後和兒子並肩作戰,殲滅求婚者。

登場人物
奧德修斯
潘妮洛普

奧德修斯已經20年沒回家了,故鄉伊薩卡的人都以為他已不在人間,宮中湧進大批人潮,向他的妻子潘妮洛普求婚(P.141)。在這樣的時間點,奧德修斯回到了伊薩卡。他聽從女神雅典娜的建議,隱藏身分,偽裝成流浪漢,朝宮殿走去。

此時,潘妮洛普認為不能再讓求婚者們等下去,便心生一計。她對眾人宣布,若有人能拉開那把弓,一箭射穿12把斧頭頂端的小孔,就可成為新任國王。求婚者們拚了老命,但沒人能拉開那把強弓,更別說射箭了。最後流浪漢上場,不費吹灰之力就拉開弓,漂亮地射穿了12個小孔。他脫去一身襤褸,原來就是那個男人——奧德修斯回來了。隨後,他將求婚者全數殲滅,和愛妻團圓。

③ 知情人士

奧德修斯返鄉後，並未立刻回宮，而是先打扮成流浪漢才進宮，此時只有兒子特勒馬庫斯、牧豬人歐邁俄斯知道他的真實身分。進宮後，忠犬阿果斯也馬上認出主人，但隨後即衰老而死，就連奶媽尤瑞克雷雅也察覺有異。

奧德修斯的盟友

為瞞過求婚者，奧德修斯偽裝成流浪漢才回到宮裡，只有少數幾個人知道他的真實身分。

兒子：特勒馬庫斯
忠犬：阿果斯
牧豬人：歐邁俄斯
奶媽：尤瑞克雷雅

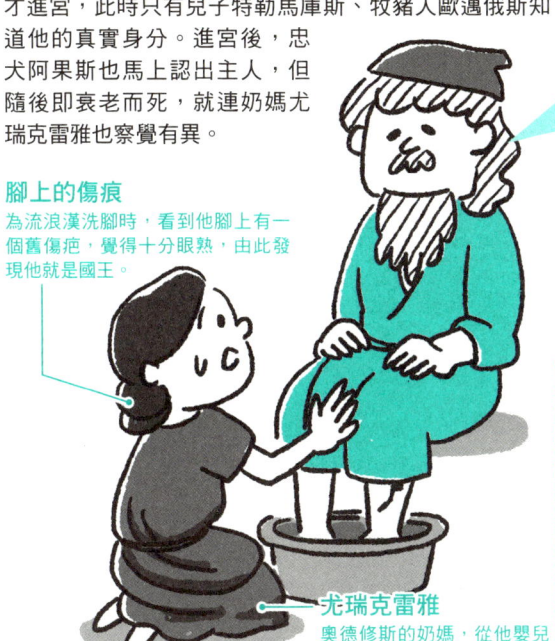

腳上的傷痕

為流浪漢洗腳時，看到他腳上有一個舊傷疤，覺得十分眼熟，由此發現他就是國王。

尤瑞克雷雅

奧德修斯的奶媽，從他嬰兒時期開始就悉心照顧他。

夫妻團聚前的測試

奧德修斯表明身分後，潘妮洛普一開始並不相信。她們臥房裡的床是無法移動的，這件事只有夫妻兩人知道，於是她以床來試探他。等到她確認對方知道這個祕密，確實是丈夫本人，才嚎啕大哭。

英雄之死及後續

泰瑞西亞斯（P.140）曾預言「奧德修斯會在遠離海洋之處安詳離世」。不過按照後世的說法，他並非壽終正寢，而是被瑟西的兒子特勒戈諾斯所殺。後來，潘妮洛普和特勒戈諾斯結婚，瑟西則和特勒馬庫斯結婚。

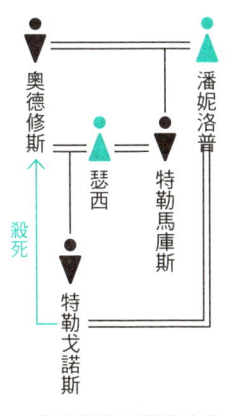

知道了之前交手的人是自己的父親，嗟嘆不已。

死期

奧德修斯為了搶回被偷的家畜，和人打了起來，結果被殺，而殺他的這個人正是他的兒子特勒戈諾斯。

特勒戈諾斯

奧德修斯在航海途中和瑟西生下的孩子（P.140），長大後到伊薩卡尋訪父親，但因偷了父親的家畜而起衝突。

希臘神話裡的花絮

在此,我們會再分享一些正篇中未能盡述的特洛伊戰爭軼事,還有希臘神話人物的有趣小故事。

愛上雕像的畢馬龍

賽普勒斯島國王畢馬龍因為身邊沒有符合理想的女性,就雕刻了一座心目中的完美情人像,並愛上了它。女神阿芙羅黛蒂見狀,萌生惻隱之心,便賦予雕像生命,雕像即變成活生生的人。後來,畢馬龍和她結了婚,生了一個女兒,名叫帕福。

象牙雕刻而成的理想女性像,它的美麗讓畢馬龍無法自拔。

典故由來

畢馬龍效應與《窈窕淑女》

教育心理學家羅伯特・羅森塔爾提出「畢馬龍效應」,指人會逐漸成為他人期待的樣子。劇作家蕭伯納的戲劇《賣花女》(原名:畢馬龍)是以這則神話為主題,而奧黛麗赫本主演的電影《窈窕淑女》是根據蕭伯納的作品改編而成。

畢馬龍

丈夫普羅特西拉俄斯的雕像。新婚不久就爆發戰爭,造成夫妻分離。

特洛伊遠征軍的遺孀:拉俄達彌亞

費拉克國王普羅特西拉俄斯(P.129)在特洛伊戰爭時,第1個登陸特洛伊領土,結果被赫克特所殺。妻子拉俄達彌亞得到靈耗,悲痛欲絕,請人刻了一個丈夫的木像,抱在懷裡同床而眠。她的公公伊菲克洛斯誤以為她行為不端,就點火燒木像。她見狀便跳入火堆,與木像一起化為灰燼。

拉俄達彌亞

還有一種說法是,她祈求神讓丈夫從冥界回來3小時。當丈夫回冥界的時間到了,她也隨之結束自己的生命。

146

邁達斯王出槌❶
點石成金

弗里幾亞國王邁達斯曾經幫忙過戴奧尼索斯的追隨者西勒努斯（P.57），戴奧尼索斯為表達謝意，就賜給他點石成金的能力──凡是他碰到的東西，都會變成黃金。一開始他很高興，可是到了連水、食物，甚至跑到身邊的女兒都變成黃金的時候，他就後悔了，請戴奧尼索斯幫他恢復原狀。戴奧尼索斯指示他到帕科拓洛斯河淨身，據說從此以後，帕科拓洛斯河就開始生產沙金。

自己的孩子也一樣，手一碰到就變成黃金了。

邁達斯

另有一個版本說，並不是他幫了西勒努斯的忙，而是他為了獲取西勒努斯的知識，把酒混在庭院的泉水裡，讓他喝醉，好趁機抓住他。

邁達斯王出槌❷
國王的驢耳朵

邁達斯王擔任阿波羅和牧神潘恩演奏比賽的裁判，他判定潘恩獲勝，激怒了阿波羅，阿波羅就把他的耳朵變大，像驢子那樣。邁達斯戴上帽子遮住耳朵，但他的理髮師看到後，忍不住對著洞穴說出這個祕密，然後把洞填上。後來，那裡長出蘆葦，蘆葦隨風搖曳時，就會喃喃細語：「國王的耳朵是驢耳朵……」這件事就人盡皆知了。

把祕密吶喊出來後，就用泥土把洞穴掩埋起來，後來那裡長出蘆葦。

理髮師按捺不住，就在地上挖了個洞，對著洞喊出國王的祕密。

邁達斯王是真實人物嗎？
小亞細亞弗里幾亞國王邁達斯確有其人嗎？弗里幾亞位於現在的土耳其，相傳邁達斯是活躍於西元前8世紀後期的弗里幾亞國王，一般認為可能真實存在。

畢拉穆斯與緹絲碧

畢拉穆斯與緹絲碧是巴比倫的一對戀人，兩人住在隔鄰，但兩家人都反對他們結婚。某個夜晚，他們約好在城外的墓地會合，準備私奔。但畢拉穆斯遲到，到場時他誤以為緹絲碧遇到獅子攻擊而死，便拔劍自戕。緹絲碧看到畢拉穆斯已死，也追隨他而去。這則神話故事最早出現在古羅馬詩人奧維德的《變形記》中。

典故由來 — 莎士比亞的《羅蜜歐與茱麗葉》
莎士比亞的《羅蜜歐與茱麗葉》就是以畢拉穆斯與緹絲碧的故事為藍本。

索引

皮洛斯 Pylos 87
市政廳 Prytaneion 55
尼姬 Nike .... 9、39
卡斯托爾 Castor 114
皮提亞 Pythia 43
卡榮 Charon 60
卡爾卡斯 Calchas .... 126、135
白銀時代 Silver Age .... 12、28、64、66
卡德摩斯 Cadmus .... 33、51、74、97
卡麗普索 Calypso 142

6 畫

伊比米修斯 Epimetheus... 19、23、64、66
伊卡洛斯 Icarus 86
伏布斯 Phobos .... 29、40、52
西尼斯 Sinis 101
伊克西翁 Ixion .... 37、61
伊阿宋 Iason ....
.... 16、75、92、94、96、98、102
伊利克托尼俄斯 Erichthonius ....38、50
伊里亞德 Iliad .... 10、16、51
伊利歐斯遺址 Ilios ruins .... 116、128
伊亞匹特士 Iapetus .... 19、23、27、64
伊底帕斯 Oedipus ....
.... 8、13、15、74、108、110、140
安卓美妲 Andromeda .... 78、80
艾亞哥斯 Aeacus 60
艾若斯 Eros ....
.... 19、20、40、45、52、62、114
安珀希雅 Ambrosia .... 25、28
西勒努斯 Silenus .... 57、147
安基塞斯 Anchises 136
伊菲克力士 Iphicles 80
安提俄珀 Antiope 112
安菲翁 Amphion 112
伊菲格納亞 Iphigenia .... 126、134
安菲特律翁 Amphitryon 80
伊菲格納亞 Iphigenia .... 126、134
安菲翠緹 Amphitrite 35
伊普諾斯 Hypnos .... 21、59
伊達山（弗里幾亞）Mount Ida ....
.... 14、123、124、136
艾達山（克里特島）Mount Ida 25
色雷斯 Thracia ....
.... 14、52、83、84、94、137、138

3 畫

工作與時日 Erga kaí Hēmérai 10、13、16
大埃阿斯 Ajax the Great .... 128、133
小埃阿斯 Ajax the Lesser .... 128、134

4 畫

厄宋 Aeson .... 92、98
厄里尼厄斯 Erinyes 22
尤里彼得斯 Euripides .... 10、16、99
厄里斯 Eris .... 21、122
厄克德娜 Echidna .... 64、121
巴拉斯（克利俄斯之子）Pallas 23
厄帕福斯 Epaphus 31
厄特俄克勒斯 Eteocles .... 13、75、111
厄勒克特拉 Elektra 135
厄斯卡涅斯 Ascanius 136
尤瑞艾莉 Euryale 35
尤瑞克雷雅 Eurykleia 145
厄瑞玻斯 Erebos 21
尤瑞迪絲 Eurydice 112
尤瑞透斯 Eurystheus ..... 81、82、84、89
尤瑞諾美 Eurynome .... 31、51
戈爾貢 Gorgon .... 39、76

5 畫

巨人之戰 Gigantomakhia 118
半人馬 Centaurus .... 88、92、114、123
巨人族 Gigantes .... 22、38、118、120
皮同 Python .... 15、43、121
尼米亞獅子 Nemean Lion .... 82、121
甘米德 Ganymede .... 32、114
卡西歐佩亞 Cassiopeia 79
皮里托奧斯 Pirithous .... 101、107
弗里克索斯 Phrixus .... 93、95
卡利斯托 Callisto .... 29、37、47
弗里幾亞 Phrygia .... 14、57、147
布里賽絲 Briseis 129
卡利敦 Calydon ......15、87、88、91、95
尼采 Friedrich Wilhelm Nietzsche ..57、104
皮拉 Pyrrha .... 66、74
卡律布狄斯 Charybdis.94、138、141、142
卡珊卓 Cassandra ....
.... 45、123、124、132、134、137
卡俄斯 Chaos .... 18、20、62

148

克羅納斯 Kronos......... 12、18、21、22、24、26、29、30、34、36、54、58、70、118、121
伯羅普斯 Pelops .... 61、109、113

8畫

法厄同 Phaethon 69
底比斯 Thebes..... 13、15、33、51、52、56、74、80、108、110、112、140
佩加索斯 Pegasus... 34、39、77、78、90
阿古斯（地名）Argus .... 15、33、35、36、68、76、78、89、90、111、135
阿布緒爾托斯 Apsyrtus 97
金羊毛 Golden Fleece .... 16、92、96、98
阿多尼斯 Adonis 41
帕西菲 Pasiphae.................... 103、105
波呂尼刻斯 Polynices .... 13、75、111
波呂多洛斯 Polydorus .... 75、137
阿克里西俄斯 Acrisius .... 33、76、79
波利克瑟娜 Polyxena 137
佩里阿斯 Pelias .... 92、98
波呂風特斯 Polyphontes 109
阿克泰翁 Actaeon .... 47、75
帕里斯 Paris......... 14、116、122、124、128、132、135、137
波呂斐摩斯 Polyphemus .... 34、138
奈克塔 Nectar .... 25、28
阿刻戎河 Acheron 60
阿拉克妮 Arachne 69
奇帕里索斯 Kyparissos 44
帕拉斯（巨人族）Pallas .... 38、119
阿果斯（狗）Argos 145
帕拉墨得斯 Palamedes .... 127、128
阿波羅 Apollon...... 9、14、19、28、30、38、42、44、46、48、50、55、56、62、87、112、119、125、129、130、132、147
阿芙蘿黛蒂 Aphrodit..... 8、19、22、28、36、40、49、52、62、74、114、122、124、129、136、146
阿洛艾迪 Aloadae 53
奇美拉 Chimaira .... 90、121
阿格門儂 Agamemnon .... 116、124、126、128、130、134
拉俄達彌亞 Laodamia 146

伊爾絲 Eos .... 23、69、131
至福樂土 Elysium 61
艾德 Ate 21
安緹岡妮 Antigone .... 75、111
安德洛瑪姬 Andromache 137
伊諾 Ino .... 37、75、93
西諾 Sinon 133
回聲 Echo 68
百臂巨神 Hecatoncheir ... 19、20、24、26
艾蕾提亞 Eileithyia .... 31、36
波賽頓 Poseidon .... 19、25、26、28、30、34、36、43、53、54、58、77、78、84、93、100、103、106、119、123、125、136、139、140、143
伊薩卡 Ithaki .... 15、127、128、138、141、143、144

7畫

克利俄斯 Crius 23
狄克特洞 Diktaean Cave 25
克里特島 Crete ..... 12、14、24、31、32、60、83、84、86、94、101、102、104、136
克呂泰涅斯特拉 Clytemestra 134
克甫斯 Cepheus 78
克呂墨涅 Clymene .... 19、23、27、64
克利薩爾 Chrysaor .... 34、77
希波呂托斯 Hippolytus 106
希波利特 Hippolyte 84
里底亞 Lydia .... 14、86
希波達蜜雅 Hippodamia 113
利姆諾斯島 Lemnos .... 14、50、94、128、132
克律西波斯 Chrysippus .... 109、113
佛洛伊德 Sigmund Freud .... 8、68、110
克律塞伊斯 Chryseis 129
狄俄墨得斯（阿古斯王）Diomedes....... 135
克柔薩 Creusa 136
克莉絲 Charis 31
克瑞翁 Creon 111
克瑞透斯 Cretheus .... 74、93
希碧 Hebe .... 31、36
利墨斯 Limos 21
克諾索斯宮殿 Knossos Palace ...... 25、105
希臘化 Hellenism .... 11、16、62

帕德嫩神廟 Parthenon .... 11、38、53
和諧女神 Harmonia..33、40、51、52、74

9畫

施里曼 Heinrich Schliemann.. 13、79、128
科林斯 Corinth ....15、27、34、49、74、90、98、101、108、110
科洛妮絲 Koronis.................................45
科俄斯 Coeus 23
柯柏魯斯 Kerberos...............................
................58、60、72、83、85、121
柏修斯 Perseus ....
.... 31、33、38、73、76、78、82
美娜德斯 Maenads 57
柏勒洛豐 Bellerophon ....
.....................39、75、78、90、100
英雄時代 Heroic Age .... 13、74、76、78、80、86、88、90、92、94、96、98、100、102、104、106、108、110、122、124、126、128、130、132、134、136、138、144
美蒂亞 Medeia .... 96、98、102
俄瑞斯托斯 Orestes 135
科麗提亞 Clytia 69
柯蘿里斯 Chloris 41

10畫

埃厄特斯 Aeetes........................93、96
庫列斯 Kures 25
泰西絲 Thetis....51、64、122、127、130
納西瑟斯 Narcissus 68
特里同 Triton ....29、34
琉克里翁 Deucalion .... 64、66、75
特里真 Troezen .... 15、35、100
倪克斯 Nyx .... 21、22、63、122
埃利斯 Elis....................................83、87
泰坦之戰 Titanomachia ....
.... 12、19、25、26、29、64、118
泰坦神族 Titan ......9、12、19、20、23、26、40、42、64、118
烏拉諾斯 Uranus ....9、12、18、20、22、24、26、29、40、70、118
泰風 Typhon .... 64、114、120

阿特拉斯 Atlas ..8、23、27、48、85、142
阿格斯（怪物）Argus 68
佩琉斯 Peleus ....122、131
阿特蜜斯 Artemis .... 14、19、28、30、38、42、46、48、50、56、106、113、119、126
納塞斯山 Mount Parnassus ... 15、42、109
阿特蜜斯 Artemis .... 14、19、28、30、38、42、46、48、50、56、106、113、119、126
帕特羅克斯 Patroclus .... 125、128、130
亞略巴古 Areopagus ....53、135
阿基里斯 Achilles........ 9、13、92、116、123、125、126、128、130、132、136
宙斯 Zeus .... 8、12、14、18、21、24、26、28、30、32、34、36、38、40、42、46、48、50、52、54、56、58、60、63、64、66、68、70、75、76、80、82、87、101、103、107、112、114、116、118、120、122、125、130、142
波提且利 Sandro Botticelli ....8、41
阿斯克雷皮俄斯 Asclepius.... 42、45、106
阿斯特里亞 Asteria ....23、43
阿絲特莉亞 Astraea 114
阿斯特萊歐斯 Astraeus 23
依奧卡絲達 Jocasta .... 75、108、110
波瑟芬妮 Persephone ....
.......................19、31、54、59、60
拉達曼迪斯 Rhadamanthys ..... 31、32、60
阿瑞斯 Areus.......19、28、30、36、38、40、52、62、74、84、125
阿爾戈號 Argo ..... 16、94、96、99、112
阿爾戈斯 Argos（人名）..................... 95
阿爾戈英雄 Argonautai......................94
阿爾戈英雄記 Argonautica 16
拉維尼亞 Lavinia 137
佩爾西斯 Perses................................23
阿爾契努斯 Alcinoos........................143
青銅時代 Bronze Age................12、67
阿爾泰亞 Althaea 91
阿瑪爾提亞 Amalthea 25
阿嘉薇 Agave ....57、75
妮歐貝 Niobe 113
波魯克斯 Pollux ....31、114

150

荷馬 Homer .... 10、16、40、114、138
梅格拉 Megara .... 80、88
畢馬龍 Pygmalion 146
畢馬龍效應 Pygmalion Effect 146
梅莫洛斯 Mermeros 99
敏莫絲妮 Mnemosyne .... 19、23、31、63
曼儂 Memnon 131
淮德拉 Phaedra .... 103、106
得摩斯 Deimos .... 29、40、52
荷賴 Horae .... 31、41

12 畫

勞孔 Laocoon 132
斯巴達 Sparta ... 14、44、58、89、101、107、116、124、127、128、135
黑卡蒂 Hecate 119
費列斯 Pheres 99
提托諾斯 Tithonus 69
雅辛托斯 Hyacinthus .... 44、63
普里阿摩斯 Priamus 123、124、131、136
賀希歐 Hesiod ....
.... 10、12、16、20、25、40、65
雅典 Athenai .... 10、14、16、30、34、36、38、40、42、46、48、50、53、54、56、58、79、87、89、94、99、100、102、104、107、109、111、121、128、135、138
斐亞 Phaia 101
斯芬克斯 Sphinx .... 70、108
斯芬克斯 Sphinks .... 108、121
雅典娜 Athena .... 11、14、19、28、30、35、38、40、42、46、48、50、52、56、69、77、90、95、119、122、125、134、144
黃金時代 Golden Age .... 12、22、24
斐洛克特底 Philoctetes .... 128、132、135
提洛島 Delos .... 14、42、46、136
斯庫拉 Skylla .... 94、138、141
提密斯 Themis ....
.... 19、23、31、37、41、42、63
彭透斯 Pentheus .... 57、75
斯提克斯 Styx .... 23、60、123
黑帝斯 Hades ..... 19、25、26、28、30、34、36、54、58、60、85、107、112
提費斯 Tiphys 95

特洛伊 Trojan ..... 10、13、14、16、32、45、53、69、86、93、114、116、122、124、126、128、130、132、134、136、138、143、146
恩迪米翁 Endymion 69
特洛伊羅斯 Troilos 137
埃癸斯托斯 Aegisthus 134
海倫 Helen ..... 14、31、33、107、116、124、127、129、135、137
迷宮 Labyrinthos .... 103、104
埃特拉 Aethra .... 35、100
埃涅阿斯 Aeneas .... 40、125、136
埃特納火山 Etna .... 8、121
涅索斯 Nessus 88
埃特爾 Aether 21
特勒戈諾斯 Telegonus 145
特勒馬庫斯 Telemachus ... 127、138、144
格勞卡 Glauce 99
涅斯托爾 Nestor 135
埃斯奇勒斯 Aischylos .... 10、16、65
特提斯 Tethys .... 19、23、36
泰瑞西亞斯 Tiresias. 110、135、140、145
海蒙 Haemon 111
索福克里斯 Sophokles .... 10、16、110
埃歐洛斯 Aeolus .... 74、138
海濁 Hydra .... 82、88、101、121
娥諾妮 Oenone .... 124、132
米諾陶 Minotaur ....
..... 14、25、72、101、102、104、106
米諾斯 Minos ....
.... 31、32、35、60、84、103、105
神譜 Theogony .... 10、16、20、25、67

11 畫

曼尼西斯 Menoetius 23
梅列阿格 Meleage .... 75、87、91、95
荷米斯 Hermes .... 19、28、30、38、42、46、48、50、52、56、60、67、68、77、93、119、140、142
梅杜莎 Medusa ....
.... 35、38、72、76、78、90
莫拉娥 Moirai .... 21、63、91、119
敘姆普勒加得斯 Symplegades 94
畢拉穆斯 Pyramus 147
許珀里翁 Hyperion .... 19、23

14畫

赫古巴 Hecuba 137
赫克特 Hector ...... 13、123、125、129、130、132、136、146
赫利歐斯 Helios ....
...... 9、23、35、53、69、81、97、142
蓋亞 Gaia .... 12、18、20、22、24、26、29、35、37、62、118、120
赫拉 Hera .. 18、25、28、30、32、34、36、40、43、50、52、54、56、58、61、68、80、82、84、86、92、95、96、119、121、122、132
寧芙 Nymph .... 25、29、30、35、41、46、49、56、60、68、95、113、124、136、142
赫拉克勒斯 Heracles... 31、37、39、43、53、64、72、80、82、84、86、88、92、94、101、103、107、114、118、121、132
赫拉克勒斯後裔 Heraclidae 89
瑪依亞 Maia.............................. 31、48
赫倫 Hellen...................................74
榮格 Carl Gustav Jung 135
赫馬芙羅狄特斯 Hermaphroditus... 40、48
翟修斯 Theseus.... 14、25、35、72、84、94、99、100、102、104、106、111
赫勒 Helle 93
赫勒諾斯 Helenus 137
赫斯珀里斯 Hesperis .... 37、83、85
赫費斯托斯 Hephaestus... 19、28、30、36、38、40、42、46、48、50、52、64、66、84、119、125、130
赫斯提亞 Hestia ....
...... 19、25、28、30、34、36、55、58
赫墨拉 Hemera 21
赫蕾之海 Hellespontus 93

15畫

潘朵拉 Pandora.................. 16、66、70
蓬托斯 Pontus................................21
墨多斯 Medus.........................99、102
德伊福波斯 Deiphobus ....123、137
墨利阿斯 Melias 22

斯凱龍 Skiron...............................101
雅瑞安妮 Ariadne .... 103、104、106
菲碧 Phoebe 23
凱隆 Chiron .... 24、83、92、114、123
普羅米修斯 Prometheus..............................
.... 16、19、23、64、66
普羅克瑞提斯 Procrustes 101
普羅特西拉俄斯 Protesilaus ....128、146
黑鐵時代 Iron Age 13

13畫

瑟西 Circe .... 97、140、145
瑙西卡 Nausicaa 143
奧西安 Oceanus..... 19、23、24、36、61
奧托里庫斯 Autolycus 48
瑟托斯 Zethos 112
葛里昂 Geryon............ 83、85、87、121
愛克美妮 Alcmene .... 31、80、119
達克堤爾 Dactyls ....25、31
瑞亞 Rhea .... 12、19、23、24、30、34、36、54、58
蒂亞 Theia ....19、23
達芙妮 Daphne 45
奧林帕斯 Olympos....... 10、12、14、19、23、26、28、30、37、40、48、51、54、57、58、62、119、121
瑟美莉 Semele .... 31、33、37、56、75
奧涅伊洛斯 Oneiros 21
塔納托斯 Thanatos ....21、59
達娜葉 Danae........... 31、33、76、80
塞勒涅 Selene .... 9、23、69
愛琴士 Aegeus ....
.... 8、35、99、100、102、106
賽普勒斯島 Cyprus .... 40、146
奧菲斯 Orpheus ... 42、63、70、95、112
愛奧 Io..................... 29、31、37、68
葛瑞依雅 Graeae 77
奧瑞翁 Orion ....35、47
塔爾塔茹斯 Tartarus ..... 19、20、22、27、37、61、62、118、121
奧維德 Ovid .... 13、16、147
奧德修斯 Odysseus........ 9、13、49、72、116、125、126、128、132、137、138、140、142、144
奧德賽 Odyssey 10、16、114、138、143

152

繆斯 Mousa .... 31、44、63
戴奧尼索斯 Dionysus... 19、28、30、33、37、55、56、75、104、106、119、147
戴達洛斯 Daedalus .... 60、86、103、104
邁達斯 Midas 147
戴歐米德斯（色雷斯王）Diomedes..........
.... 83、84
賽蓮海妖 Siren .... 112、138、141
邁錫尼 Mycenaean...... 10、15、79、81、82、113、116、124、126、128、134

18 畫
薩提爾 Satyr 56
薩魯培冬 Sarpedon...................... 31、32

19 畫
麗西 Lethe 21
麗朵 Leto ...... 23、31、37、42、46、113
鵬得西莉亞 Penthesilea 131
麗達 Leda .... 31、33、114、125
譚塔洛斯 Tantalus .... 61、113
羅德島的阿波羅尼奧斯 Apollonius of Rhodes
.... 16
羅德島 Rhodes 14
羅穆盧斯 Romulus .... 52、137

20 畫
蘇多茲 Pseudos 21

23 畫
變形記 Metamorphoses................ 16、147

德亞妮拉 Deianeira...................... 87、88
潘妮洛普 Penelope 127、138、141、144
歐律比亞 Eurybia 23
潘恩 Pan .... 48、57、114、120、147
墨涅拉俄斯 Menelaus ....
.... 116、124、126、128、135、137
歐特魯斯 Orthrus 121
墨提斯 Metis .... 23、24、31、37、38
緹絲碧 Thisbe 147
歐葛阿斯 Augeas .... 83、86
德爾菲 Delphi ....
 15、27、42、81、86、100、108、110
歐邁俄斯 Eumaeus 145
歐羅芭 Europa ....
.... 8、31、32、37、60、74、103

16 畫
獨眼巨神 Cyclops ....
.... 19、20、24、26、51、138
澤費魯斯 Zephyros .... 41、44
賴瑤斯 Laius................ 74、108、110

17 畫
薛西弗斯 Sisyphus .... 49、61、74
黛美特 Demeter... 19、25、28、30、34、36、54、58、114
賽姬 Psyche 62

153

參考文獻

阿波羅多洛斯（Apollodorus）著，高津春繁譯，1953年，《阿波羅多洛斯：希臘神話》（*Bibliotheke*），岩波書店

羅德島的阿波羅尼奧斯（Apollonius Rhodius）著，堀川宏譯，2019年，《阿爾戈英雄》（*Argonautika*），京都大學學術出版會

奧維德（Ovid）著，呂健忠譯，2023年，《變形記》，書林

卡爾・克雷尼（Karl Kerényi）著，植田兼義譯，1985年，《希臘神話：英雄時代》（*Die Heroen der Griechen*），中央公論新社

卡爾・克雷尼（Karl Kerényi）著，植田兼義譯，1985年，《希臘神話：眾神時代》（*Die Mythologie der Griechen*），中央公論新社

托馬斯・卡本特（Thomas H. Carpenter）著，真方陽子譯，2013年，《以圖像解讀希臘神話》（*Art and myth in ancient Greece*），人文書院

希吉努斯（Gaius Julius Hyginus）著，五之治昌比呂譯，2021年，《傳說集》（*Fabulae*），京都大學學術出版會

賀希歐著，廣川洋一譯，1984年，《神譜》，岩波書店

賀希歐著，中務哲郎譯，2013年，《賀希歐全集》（ヘシオドス全作品），京都大學學術出版會

荷馬著，呂健忠譯，2021年，《荷馬史詩：伊里亞德》，書林

荷馬著，呂健忠譯，2018年，《荷馬史詩：奧德賽》，書林

麥可・格蘭特（Michael Grant）、約翰・哈澤爾（John Hazel）著，木宮直仁等譯，1988年，《希臘・羅馬神話百科》（*Gods and mortals in classical mythology*），大修館書店

李察・巴克斯頓（Richard Buxton）著，池田裕、古畑正富、服部厚子、池田太郎譯，2007年，《希臘神話的世界》（*The complete world of Greek mythology*），東洋書林

雷內・馬汀（René Martin）監修，松村一男譯，1998年，《圖解希臘・羅馬神話百科》（*Dictionnaire culturel de la mythologie gréco-romaine*），原書房

埃斯奇勒斯、索福克里斯、尤里彼得斯等著，1990～1993年，《希臘悲劇全集》（ギリシア悲劇全集），岩波書店

河島思朗（監修），陳姵君譯， 2022年，《八卦無極限！希臘神話事件簿》，台灣東販

吳茂一（著），1979年，《希臘神話 上集・下集》（ギリシア神話 上・下），新潮社

吳茂一（著），2021年，《世界神話入門》（世界の神話入門），講談社

高津春繁（著）， 1960年，《希臘・羅馬神話辭典》（ギリシア・ローマ神話辞典），岩波書店

中村善也（著），1981年，《希臘神話（岩波少年新書40）》（ギリシア神話〔岩波ジュニア新書40〕），岩波書店

中村Rui（著）、加藤公太（繪），2017年，《希臘美術史入門》（ギリシャ美術史入門），三元社

中村Rui（著）、加藤公太（繪），2020年，《希臘美術史入門2：眾神、英雄與平凡大眾》（ギリシャ美術史入門2神々と英雄と人間），三元社

丹羽隆子（著），2016年，《希臘神話森林》（ギリシア神話の森），彩流社

藤縄謙三（著），1971年，《希臘神話的世界觀》，（ギリシア神話の世界観），新潮社

松島道也（著），2001年，《圖解希臘神話（眾神的世界）》（図説ギリシャ神話〔神々の世界〕篇）河出書房新社

松島道也（著），同部紘三（著）， 2011年，《圖解希臘神話（英雄的世界）》（図説 ギリシア神話〔英雄たちの世界〕篇），河出書房新社

吉田敦彦（監修），2013年，《名畫中的「希臘神話」》（名画で読み解く「ギリシア神話」），世界文化社

希臘神話解剖圖鑑
はじめてのギリシャ神話解剖図鑑

作　　　者	河島思朗（監修）	
譯　　　者	林雯	
封 面 設 計	許紘維	
特 約 編 輯	張瑋珍	
內 頁 排 版	簡至成	
行 銷 企 畫	蕭浩仰、江紫涓	
行 銷 統 籌	駱漢琦	
業 務 發 行	邱紹溢	
營 運 顧 問	郭其彬	
責 任 編 輯	賴靜儀	
總　 編　 輯	李亞南	
出　　　版	漫遊者文化事業股份有限公司	
地　　　址	台北市103大同區重慶北路二段88號2樓之6	
電　　　話	(02)2715-2022	
傳　　　真	(02) 2715-2021	
服 務 信 箱	service@azothbooks.com	
網 路 書 店	www.azothbooks.com	
臉　　　書	www.facebook.com/azothbooks.read	
發　　　行	大雁出版基地	
地　　　址	新北市231新店區北新路三段207-3號5樓	
電　　　話	(02)8913-1005	
傳　　　真	(02)8913-1056	
初 版 一 刷	2025年3月	
定　　　價	台幣480元	

ISBN　978-626-409-069-8

有著作權・侵害必究

本書如有缺頁、破損、裝訂錯誤，請寄回本公司更換。

原書STAFF

編輯協力　永渕美加子
　　　　　（三季出版社〔株式会社スリーシーズン〕）
書籍設計　別府拓（Q.design）
插　　圖　Mayu Nagato
共同執筆　沢辺有司
校　　對　夢之書架（夢の本棚社）

HAJIMETE NO GREECE SHINWA KAIBOZUKAN
© X-Knowledge Co., Ltd. 2023
Originally published in Japan in 2023 by X-Knowledge Co.,
Ltd. TOKYO,
Chinese (in complex character only) translation rights
arranged with X-Knowledge CO., LTD. TOKYO,
through Future View Technology Ltd., TAIWAN.

國家圖書館出版品預行編目 (CIP) 資料

希臘神話解剖圖鑑 / 河島思朗監修；林雯翻譯. -- 初版. -- 臺北市：漫遊者文化事業股份有限公司出版；新北市：大雁出版基地發行, 2025.03
160 面；14.8×21 公分
譯自：はじめてのギリシャ神話解剖図鑑
ISBN 978-626-409-069-8(平裝)

1.CST: 希臘神話

284.95　　　　　　　　　　　　　　　　114000953